YE YONGLIE KEPU DIANCANG

叶永烈科普典藏

尹传红 主编

生活中的科学

叶永烈◎著

长江出版传媒 | 湖北教育出版社

图书在版编目（CIP）数据

生活中的科学 / 叶永烈著. -- 武汉 : 湖北教育出版社, 2023.4
（叶永烈科普典藏 / 尹传红主编）
ISBN 978-7-5564-4790-9

Ⅰ. ①生… Ⅱ. ①叶… Ⅲ. ①科学知识－青少年读物 Ⅳ. ①Z228.2

中国国家版本馆CIP数据核字(2023)第060529号

生活中的科学 SHENGHUO ZHONG DE KEXUE

出品人 方 平
责任编辑 张 驰　　责任校对 李庆华
封面设计 牛 红　　责任督印 刘牧原

出版发行 长江出版传媒 430070 武汉市雄楚大道268号
湖北教育出版社 430070 武汉市雄楚大道268号
经　销 新华书店
网　址 http://www.hbedup.com
印　刷 武汉中远印务有限公司
地　址 武汉市黄陂区横店街货场路粮库院内
开　本 710mm×1000mm 1/16
印　张 8.5
字　数 110千字
版　次 2023年4月第1版
印　次 2023年4月第1次印刷
书　号 ISBN 978-7-5564-4790-9
定　价 28.00元

总　序

在中国的科普、科幻界，叶永烈先生（1940—2020）曾经是一个风格独特、广受瞩目的“主力队员”；在当今的纪实文学领域，他又是一位成就卓著、声名显赫的重量级作家。他才华横溢、兴趣广泛、勤奋高产，一生创作出版了 300 余部作品，累计 3500 多万字。

在科普创作方面，叶永烈有着特别引人瞩目的一个身份和成就：他是新中国几代青少年的科学启蒙读物、中国原创科普图书的著名品牌《十万个为什么》第一版最年轻且写得最多的作者，还是从第一版写到第六版《十万个为什么》的唯一作者。

我们这一两代人几乎都存有一段温馨的记忆：在 20 世纪 70 年代末 80 年代初，改革开放伊始，当“科学的春天”到来之时，“叶永烈”这个名字伴随着他创作的诸多题材不同、脍炙人口的科普文章频频出现在全国报刊上，一本接一本的科普图书纷纷亮相于新华书店，而越来越为人们所熟知。他成了中国科普界继高士其之后的一颗耀眼的明星。差不多与此同时，叶永烈的科幻处女作《小灵通漫游未来》一面世即风行全国，成了超级畅销书，各种版本的总印数达到了

300 万册之巨，创造了中国科幻小说的一个纪录。

叶永烈给我本人留下的最深切的记忆是 1979 年春，那年我 11 岁，第一次读到《小灵通漫游未来》，心潮澎湃，对未来充满期待。那一时期，每个月当中的某几天，在父亲下班回到家时，我总要急切地问一句："《少年科学》来了没有?"盼着的就是能够尽早一睹杂志上连载的叶永烈科幻小说。

那时我还常常从许多报刊上读到叶永烈脍炙人口的科学小品，从中汲取了大量的科学营养。随后，我又爱上了自美国引进的阿西莫夫著作。品读他们撰写的优秀科普、科幻作品，我真切感受到了读书、求知的快慰，思考、钻研问题的乐趣，同时也爱上了科学，爱上了写作。那段心有所寄、热切期盼读到他们作品的美好时光，令我终生难忘。

作为科普大家的叶永烈，自 11 岁起在报纸上发表小诗，在大学时代就开始了科普创作，其科普创作生涯一直延续到中年，即从 20 世纪 50 年代末至 80 年代初。

几十年间，叶永烈创作的为数众多的科学小品、科学杂文、科学童话、科学相声、科学诗、科学寓言等，几乎涉足了科普创作所有的品种，并且成就斐然。他的作品，曾经入选各种版本语文教材的，就达 30 多篇。

值得一提的是，叶永烈首先提出并创立了科学杂文、科学童话、科学寓言三种科学文艺体裁，并在 1979 年出版了中国第一部较有系统的、讲述科学文艺创作理论的书——《论科学文艺》；在 1980 年出版了中国第一本科学杂文集《为科学而献身》；在 1982 年出版了中国

第一本科学童话集《蹦蹦跳先生》；在1983年出版了中国第一本科学寓言集《侦探与小偷》。他提出的这三种科学文艺体裁在科普界很快就有了响应，尤其是科学寓言，已经成为寓言创作中得到公认的新品种。

在科普创作方面，叶永烈受苏联著名科普作家伊林的影响很深。伊林有句名言："没有枯燥的科学，只有乏味的叙述。"叶永烈也打过一个形象的比方：科普作家的作用就是一个变电站，把从发电厂发出来的高压电，转化成千千万万家庭都能用上的220伏的低压电。他认为学习自然科学是对人的逻辑思维的严格训练，而文学讲究形象思维；文、理是相辅相成并且渐进融合的，现代人都应该对文、理有所了解。

叶永烈与伊林一样，都惯于用形象化的故事来阐明艰涩的理论，能够简单明白地讲述复杂现象和深奥事物。在他们的笔下，文学与科学相融，是那般美妙。阅读他们的作品，犹如春风拂面，倍觉清爽；又好像有汩汩甘露，于不知不觉中流入了心田。他们打破了文艺书和通俗科学中间的明显界限，因此他们写成的东西，都是有文学价值的通俗科学书。

叶永烈曾经这样评述自己的创作人生："我不属于那种因一部作品一炮而红的作家，这样的作家如同一堆干草，火势很猛，四座皆惊，但是很快就熄灭了。我属于'煤球炉'式的作家，点火之后火力慢慢上来，持续很长很长的时间。我从11岁点起文学之火，一直持续燃烧到60年后的今天。"

叶永烈把作品看成凝固了的时间、凝固了的生命。他说他的一生

“将凝固在那密密麻麻的方块汉字长蛇阵之中”，又道：“生命不止，创作不已。”2015 年 10 月，正当叶永烈全身心投入 1400 多万字的《叶永烈科普全集》的校对工作时，他偷闲饱含深情地写下了一段感言，通过电子邮件发送给我。在我看来，这恰是他对自己辉煌创作生涯的一个非常精彩的总结：

韶光易逝，青春不再。有人选择了在战火纷飞中冲锋陷阵，有人选择了在商海波涛中叱咤风云，有人选择了在官场台阶上拾级而上，有人选择了在银幕荧屏上绽放光芒。平平淡淡总是真，我选择了在书房默默耕耘。我近乎孤独地终日坐在冷板凳上，把人生的思考，铸成一篇篇文章。没有豪言壮语，未曾惊世骇俗，真水无香，而文章千古长在。

今天，我们推出“叶永烈科普典藏”系列，一方面是表达对这位杰出的科普大家的追思、缅怀和致敬，一方面也意在为科普创作留存一些有益的借鉴；同时也期望借此为广大读者朋友，尤其是青少年学生的科学阅读，提供一份丰盛而有益的精神食粮。

是为序。

尹传红

（中国科普作家协会副理事长，《科普时报》原总编辑）

目录

CONTENTS

1 春天漫笔

万紫千红总是春 …… 001

踏花归去马蹄香 …… 004

燕语莺声春明媚 …… 007

春风杨柳万千条 …… 009

春回大地是何时 …… 011

春日话风筝 …… 014

春回大地绿茵茵 …… 016

春种一粒粟，秋收万颗子 …… 019

阳春三月植树忙 …… 021

蛙声阵阵春意浓 …… 023

春雨贵如油 …… 025

夜雨剪春韭 …… 027

扬帆出海迎春汛 …… 028

春江水暖鸭先知 …… 030

2 挥扇话夏

万物并秀话立夏 …… 032

以雷鸣夏 …………………………………………………… 034
胜似闲庭信步 ………………………………………………… 037
汗流浃背话汗水 ……………………………………………… 039
扇扇有凉风 …………………………………………………… 042
夏天里的“冬天” …………………………………………… 044
传播病菌的“飞机” ………………………………………… 046
长翅膀的“小刺客” ………………………………………… 048
肉眼看不见的敌人 …………………………………………… 051
绿槐高处一蝉吟 ……………………………………………… 054
南瓜和西瓜 …………………………………………………… 056
“秘鲁的金苹果” …………………………………………… 060
冷饮消暑送清凉 ……………………………………………… 061
从花露水说起 ………………………………………………… 063
遍地野鸭和菱藕 ……………………………………………… 066
年年夏日台风狂 ……………………………………………… 069

3 金色的秋天

一叶落而知天下秋 …………………………………………… 072
春华秋实 ……………………………………………………… 074
秋色宜人精神爽 ……………………………………………… 076
轻罗小扇扑流萤 ……………………………………………… 077
西风紧，北雁南飞 …………………………………………… 079
月到中秋分外明 ……………………………………………… 081
秋菊傲霜开 …………………………………………………… 083
望远必须登高 ………………………………………………… 084
五光十色话焰火 ……………………………………………… 086

地上的“白云” …… 087
以虫鸣秋 …… 089
秋风秋雨愁煞人 …… 091
月落乌啼霜满天 …… 093

4 炉边话冬

千山鸟飞绝 …… 096
寒潮频频，冬日来临 …… 098
冰雪纷至方成冬 …… 099
金属也怕冷 …… 101
煤炉里的“敌人” …… 104
从肉冻谈起 …… 105
冬日可爱 …… 107
寒冷与卫生 …… 110
皮肤的“卫兵” …… 112
穿衣的科学 …… 114
迎着朔风溜冰去 …… 117
冬小麦的“脾气” …… 119
新年趣谈 …… 121

1 春天漫笔

万紫千红总是春

古联语：“春来也，鱼龙变化；时至矣，桃李芬芳。”严冬刚过，和煦的春风阵阵而来，大地苏醒了，田野泛绿了。

到野外去瞧瞧，大自然是多么美丽！黄澄澄的迎春花，粉红色的桃花，紫红色的紫荆，浅红色的樱花……百花齐放，百花争艳，五光十色，扬辉耀彩！不论是山楂花和杜鹃花的浓妆，还是水仙花和兰花的素裹，都别有风姿，令人陶醉。

花儿为什么如此瑰丽多彩？

原来，这大都是因为花朵里的一条“变色龙”——花青素在变“把戏”。花青素是一种有机色素。它是什么颜色的呢？这很难说，因为它简直像一个演员一样，时而是“红脸关公”，时而是“白脸刘备”，

时而又是“黑脸张飞”——它的颜色随着酸碱度、温度的不同迅速变化着，时而是红的，时而是紫的，时而又是蓝的。

如果你从草丛里摘一朵红色喇叭花来，把它浸到肥皂水里，花朵立即变蓝了——因为肥皂水是碱性的，花青素在碱性中呈蓝色；然而，你要把它重新又变成红花也不难，只消把它浸到醋里就行了——因为醋是酸性的，花青素在酸性中呈红色；如果你慢慢中和溶液，使溶液变成中性，那么，花儿会变成紫色的——因为花青素在中性环境中呈紫色。

由于各种植物体内的有机酸和生物碱的品种、多少都不一样，因此它们的酸碱度就不一样，它们花朵的颜色也就不一样。“万紫千红”——其实不过是花青素在那儿变“把戏”而已！

另外，还有些花儿不是在红、紫、蓝之间变化，而是在红、橙、黄之间变化，那是由于花朵里躲着另一条“变色龙”——胡萝卜素。

尽管大自然是那么慷慨，把不少东西都涂上各式各样的颜色，然而，大自然对于人类却非常吝啬：在过去漫长的五六千年里，人们在大自然中，仅仅找到十几种天然染料！那时候，人们不得不仰仗大自然的鼻息：从木兰属植物的叶子和墨西哥的蓝檀树里提取一丁点儿蓝色的染料，从海蜗牛、胭脂虫里提取一点点红色染料，紫色染料是从一种地衣类植物中提取的，棕色染料来自热带的含羞草和金合欢，而黄色染料是用古巴的黄檀木做原料提炼而得的。

人类为了使自己的生活也充满色彩，把自己的衣服打扮得和春天的花儿一样五彩缤纷，不得不付出巨大的劳动来从动、植物中提取染料。19 世纪中叶，全世界每年要割下 10 万吨的茜草来做提取茜素染料之用。然而，从 100 千克的茜草根里只能得到 1—2 千克的茜素！为了提取 1 千克的胭脂红染料，竟需要 14 万只雌胭脂虫！

唉，那时候染料非常昂贵，只有帝王将相才买得起，怪不得在欧洲有一种紫色染料的名字叫作“帝王素”。那时候劳动人民的生活，该是多么缺乏色彩呀！

不能等待大自然的恩赐，应该向大自然索取！

100 多年前，人们开始在化学实验里，用化学方法来尝试着制造染料。

胜利的头一炮，在俄国打响了。著名的俄国有机化学家齐宁发明了从煤焦油里提取萘或苯来制取蓝色染料——蓝靛的方法。紧跟着，捷报从各国的化学实验室里传来，人们制成了各种各样的人造染料，人类开始掌握大自然保守了几千年的秘密。由于人造染料原料低廉，性能优良，可以大量制造，就立即取代了天然染料。至今，几乎没有人再从茜草、胭脂虫里去提炼染料，这些事情都成了染料史上的“典故”了。

最重要的人造染料有偶氮染料、茜素染料和硫化染料。后来，还出现了崭新的品种——活性染料。现在，人造染料的品种已经达 8000 多种，具有彩虹上所有的颜色，红、橙、黄、绿、蓝、靛、紫七色，从深到浅，样样齐全。

很自然的，染料工业最大的主顾是纺织工业。不同的纤维，需要不同的染料。例如，棉花、羊毛、蚕丝、人造丝和合成纤维，即使是染同一种颜色，所用的染料常常也不同。另外，从彩色铅笔到水彩颜料，从红蓝墨水到彩色电影，都离不开染料。

染料的染色能力是非常惊人的：人们在大西洋中倒进几吨荧光黄染料，

结果，把周围几十千米的海洋都染成黄绿色。利用这黄绿色海水流动的路径，人们解开了墨西哥湾暖流的谜——以前人们不知道它在什么地方消失了。在染料的帮助下，人们发现，原来它钻到海洋深处去了。

现在，在海船上工作的人们，常常随身带着一小包荧光染料，一旦失事，就把这包染料扔到海里，可以形成一个直径1千米大小、颜色鲜明的信号圈。

经过人们的艰苦劳动，如今，人们穿的衣服，色彩比大自然的花儿更艳丽、更漂亮！

“万紫千红总是春！”在大自然，这样明媚多彩的春天只是一年一次，而在人造染料的帮助下，人们的衣装却永远万紫千红，永远风情万种！

踏花归去马蹄香

画家的画笔，可以摹绘出花儿瑰丽的神采，却没法“画”出花儿沁人的馨香！

为了这件事，画家们大伤脑筋。终于，在我国古代，出现了这么一幅杰作：画家画了一匹刚从野外归来的马，几只蝴蝶绕着马蹄在飞舞。画上题着七个字——“踏花归去马蹄香”。这幅画，真不愧为独出心裁的优秀作品。它以巧妙出奇的手法，表现了花香。

春天，是百花齐放的季节。花香，沁人心肺，令人心旷神怡。尤其是在工作之余，漫步在花丛之中，阵阵花香扑鼻，使人精神为之一振！

至今，还有不少人总喜欢折一束花枝插在花瓶里，或者摘一朵玉兰藏在发辫间。

尽管大自然是那么慷慨，春天，“春风得意花千里”，漫山遍野，到处都是花的世界，正如唐诗所写——“春城无处不飞花”，但是，“花开终有花落时”，鲜艳的花、芳香的花，不能一直绽放。越是名贵的花，越是娇嫩，往往开放得越短暂。

100多年以前，人们对谢去的花还只能感叹地说：“这多么可惜！”除了感叹之外，就没有别的办法了，因为那时候人们还不会自己动手来制造香料！

花香，是因为大多数花朵中有一家制造香味的“工厂”——油细胞，它能分泌出具有香味的芳香油。以前，人们只是从花朵中提取芳香油，仰仗大自然的恩赐。然而，大自然非常吝啬：人们摘下300万朵玫瑰花，得到近4000千克的玫瑰花瓣，却只能从中提取1千克玫瑰香油。保加利亚素称“玫瑰的山谷”，是世界上种植玫瑰最多的国家，但是，每年出产的玫瑰油，用一辆载重3吨的卡车便能把它们全部运走！

人们经过长期努力，付出了巨大的劳动，终于用自己的双手，在化学实验里制造出“人造香料”，从此结束了大自然垄断芳香的时代。现在，人造香料的品种繁多，产量远远超过天然香料。

用鼻子闻闻你的周围，你简直生活在芳香的世界里：早上刷牙、洗脸用的牙膏、香皂，散发着薄荷香味或者茉莉花香；平时吃的糖果、冰棒、冰淇淋、糕点，散发着果实的芳香；夏天，电影院里充足的冷气中，夹杂着各种清新的幽香；此外，还有各种香的“仓库”：香水、雪花膏、香头油，以至香纸、香水铅笔、香水橡皮、香花布……这一切香味，都不是来自大自然的香的“仓库”，而是来自香料的合成工厂！

香料厂，是香料诞生的摇篮。

你到过香料厂吗？在香料厂里，人们利用各种化学反应制造香料。

也许，那里的工人们会把人造香料的“家底”告诉你：“香料是煤和石油的‘孙子’。”猛然一听，你会感到有点出乎意料：“煤是黑闪闪、硬邦邦的，石油吧，又黑又黏。它们和香料有什么‘祖孙’关系呢？”

当你参观了香料厂，就会明白啦！

在香料厂里，人们用苯、酒精、醋酸、甲醇等做原料，把它们按比例倒进反应锅，再加以蒸馏，很快就制出了人造香料。为什么说它是煤和石油的“孙子”呢？很明显，因为苯、酒精、醋酸、甲醇等都是煤和石油的“儿子”，是从煤和石油里提炼出来的。

没有到过香料厂的人，常常以为香料厂一定挺香。其实，恰恰相反，香料厂往往很臭！那是因为香料有这么个怪脾气——浓度低时很香，浓度高时反而臭。大粪很臭，其中原因之一，便是因为它含有较高浓度的吲哚，然而，稀的吲哚却很香，成了香料。常见的茉莉香精里便掺有1‰的吲哚。在香料厂里，香料的浓度自然很大，怪不得很臭。另外，一些反应的副产物，都是些有机物，也常常有各种古里古怪的味儿。

古语道：“入芝兰之室，久而不闻其香；入鲍鱼之肆，久而不闻其臭。”这话，倒很有科学道理。香料，是很容易挥发的，并且能够很快地在空气中散布开来。我们闻了之后，之所以有香的感觉，是因为香料的分子跑到我们的鼻子里来“旅行”，并且和鼻黏膜上的分泌液发生化学反应，因而刺激了嗅觉神经，使人产生香的感觉。不过，香料大都有麻醉作用，这样，怪不得“久闻”之后，人便如同得了感冒似的，鼻子一点也不灵啦。

常见的香料，大都是芳香族化合物和酯类化合物：苯醛有苦杏仁香味，丁酸乙酯有菠萝香味，戊酸乙酯有苹果香味，水杨酸乙酯有兰花香味……不过，我们平常用到的香料，大都是由多种化合物混合调配而成的，这样能够使香味不至于太单纯，而且能够和某种天然香味相近。例如，普普通通的一瓶香水，便起码含有 30 种以上不同的香料。

香料，是化学家智慧的结晶，给我们的生活带来了浓郁的馨香。

燕语莺声春明媚

提起春天，人们总会说："春光明媚，花香鸟语。"

春天，花儿是大自然中的画家，鸟儿是大自然中的音乐家；艳丽花朵是大地的春装，婉转的鸟声是大自然的春之歌。

燕子，是大自然的报春使节。燕子怕冷，每年 8 月，秋风一起，它们便集群向温暖的南方飞去，11 月以后在北方就看不见它们的踪影了。冬天，它们栖息在东南亚、印度和澳大利亚一带。到了春天，它们便和春姑娘一起来临：2 月向北飞到广东、云南一带；3 月飞到浙江、安徽以及长江下游一带；到了 4 月，则在北京、秦皇岛也都能看见疾飞如箭的燕子了。

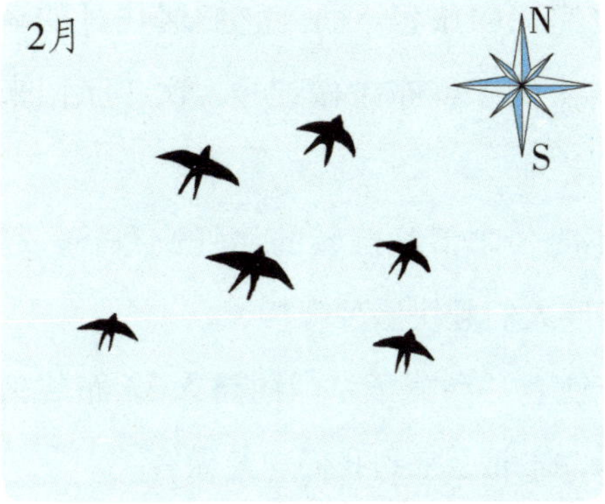

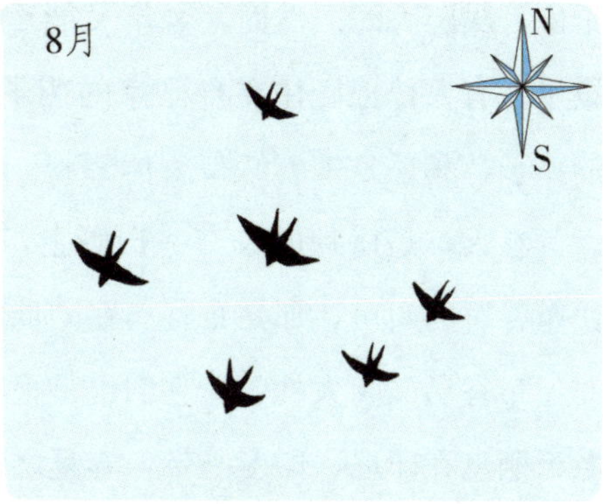

燕子真是小巧玲珑：体态矫健、轻捷，只有麻雀那样大小；翅膀狭长而强健，翱翔时很像把镰刀；尾巴很奇特——犹如剪刀。难怪人们形容体

态轻盈者“身轻似燕”呢！

燕子的脚很短，走起路来非常笨拙，因此很少在地面行走。它们常常停息在树枝、电线上，有时竟能攀在墙壁上——因为它们有锐利的爪。

燕子有着一张又扁又短的嘴，飞翔时，常常嘴巴张大，这可不是为了“喝西北风”，而是为了捕食空中那些长翅膀的“美味”——蚊子、苍蝇。可不是吗？每当春末夏初的黄昏，你漫步在马路或田野上，常常可以看见燕子闪电般地擦着地面横空而过，那便是它们在忙碌工作。因为傍晚时分蚊子格外多，正是燕子“大吃一顿”的时候。

燕子和人们的关系可密切了。燕子为人们捕虫除害，人们非常喜欢它们，热心保护它们。燕子总是喜欢在屋檐下做窝，和人们依依不离，成了人们亲密的邻居。百鸟中除了燕子以外，很少有这样大胆子的，居然敢和人们住在同一间屋子里！

燕子很善于筑巢，它们不辞劳苦从河边或泥水潭里，啄取湿泥一口一口地衔回来，然后和松针、羽毛、干草之类粘在一起，筑成碗口大小的巢。巢做得既结实又美观，怪不得人们赠给它们一个漂亮的名字——“巧燕”。

燕子记忆力是非常惊人的：它们一年一度逢秋南飞，逢春北往，远越千山，横跨大海。然而，翌年又能重复它们的旅程，回到它们居住过的老巢里。有人曾把居住在自己家的燕子脚上缚了红布条做记号，次年飞回来的燕子，脚还是带着红布条！

春天，是播种的季节。田野上，不时传来清脆婉转的“赶快布谷，赶快布谷”的叫声，那是布谷鸟在“催着”人们赶快播种哩！

布谷鸟又叫大杜鹃，它们也是报春使者，和燕子是“同路人”。布谷鸟冬天栖息在印尼、印度一带，春夏之际，才北上来到我们这儿做客。

布谷鸟的个体也很小，嘴纤细而微弯，头是灰褐色的，背和两翼的颜色较深，尾部是黑褐色的。

布谷鸟的脾气恰恰和燕子相反：它们胆小怕人，老是躲藏在林丛深处。

平时，人们只听见它们的叫声，却不太容易见到它们，是神秘的“歌唱家”。有时，布谷鸟的叫声听起来有点凄厉，容易勾起旅客思乡的念头。因此，布谷鸟又被叫作“怨鸟”。

布谷鸟有个很古怪的脾气：它们自己既不做巢，也不孵卵，却常把自己的卵产在莺、雀等小鸟的巢里，然后“扬长而去”，叫其他鸟为它们孵化、哺育，当它们的“义务保姆”。

布谷鸟是一种益鸟，当然也是人们的好朋友。布谷鸟最爱吃毛毛虫，而这些毛竖竖的家伙，恰恰正是其他鸟儿所不爱吃，甚至不敢吃的东西。据统计，每只布谷鸟一天能捕食 300 多条毛毛虫，为庄稼除掉了不少心腹之敌哩！

春风杨柳万千条

杜甫在《腊日》诗中咏道：“漏泄春光有柳条。”

柳树是最早的报春使者。

每年到了 4 月，柳树便由黄变绿。随着绿色的加深，春意也逐渐变浓。宋朝诗人王安石《泊船瓜洲》一诗中有名句：“春风又绿江南岸。”这“绿”字指的便是柳树的绿。

柳，一般常称为杨柳。其实，杨和柳并不是一回事。

明朝李时珍在《本草纲目》中，对此做了清楚的说明：“杨枝硬而扬起，故谓之杨；柳枝弱而垂流，故谓之柳，盖一类二种也。”但是，自古以来，“杨柳”两字常常连用，而且一般人并不注意把杨和柳加以区别。

柳树突出的特点：对环境的适应能力很强。常言说：“有意栽花花不发，无心插柳柳成荫。”这句话从侧面说明了柳树有很强的生命力。春天，当你随便折根柳条插在土里，它便会生根发芽并长成柳树。

柳树为什么有这样强的生命力？原来，柳枝的形成层和髓芒之间，有许多“分生能力”很强的细胞群。这些细胞群能够迅速分裂增生形成原始体，如果条件（温度、湿度、阳光等）都适宜，原始体便会逐渐发育成根。根从土壤中吸取的养分促进了芽的生长。这样，一棵新的植株就诞生了。

正因为柳枝具有生命力强、生长快、不择风土等特性，所以能以四海为家。柳树分布十分广阔，是不言而喻的。

柳树，有 300 多种，其中以垂柳最为常见，大部分分布在北半球温寒带地区，南半球很少，澳大利亚多数人没见过柳树。在我国，柳树已有 4000 多年的历史了。

柳树木质地松软，容易加工，常用于制作各种器具。柔韧细长的柳枝可以编成柳筐，是挑泥装草的工具。柳枝编成的柳条箱，也很耐用，徐州的柳条箱便闻名全国。柳干还可以加工成火柴棒。柳树皮中含有柳酸，可以制药，大名鼎鼎的“阿司匹林”主要成分便是它……

柳树绝大部分是靠插枝繁殖的，但也可以用种子繁殖。每年 4 月间，柳树的果实就成熟裂开，棉花般的白色柳絮自然散出、随风飞舞。远在古代，人们把柳絮当柳花，白居易有诗云“寻逐春风捉柳花”“杨柳花飘新白雪”。其实，柳絮就是附在种子外表的绒毛。种子小而轻，经风一吹，柳絮连同种子就轻悠悠地远走高飞了。种子就是借此进行传播的，难怪柳树“儿孙”遍天下。

唐诗云：“羌笛何须怨杨柳，春风不度玉门关。”这诗早已落满时代的灰尘，今天已显得陈旧不堪。正如毛主席在《送瘟神》一诗中所写的那样：“春风杨柳万千条，六亿神州尽舜尧。”

春回大地是何时

“桃花始，春出穗；春鸟鸣，蜂蝶舞，春到人间。”寥寥数语，全面概括了春天的特色。

然而，春天究竟从哪一天算起呢？这倒是个十分有趣的问题，各式各样的说法简直和春天的花儿一样繁多！

按照中国夏历传统的说法，春天是自立春到立夏：立春是阳历2月4日左右，立夏是阳历5月6日左右。这么一来，春天便是从2月4日到5月5日了。

然而，按照中国古书，像《吕氏春秋》和《礼记》的说法，春天是指夏历一月、二月、三月：“孟春正月”“仲春二月”“季春三月”。这就是说，春天的第一个月是夏历正月，第二个月是夏历二月，第三个月是夏历三月。

在欧洲，人们也是划一月、二月、三月为春天。可是，这和中国古书上的分法并不一样，因为他们所指的是阳历一月、二月、三月。

最科学的分法，还是气候学上的分法。气候学上“明文规定”：平均温度在10—22 ℃算是春季的标准温度。这就是说，它是按照天气的冷热来划分季节——温和的气候算是春，炎热的气候算是夏，凉爽的气候算是秋，寒冷的气候算是冬。

但是，地球上各地冷热悬殊：当哈尔滨正是滴水成冰的时候，海南岛三亚还汗流浃背哩！很自然的，按照气候学上的“规定”来划分春天，便会因地而异：福州的春天从10月18日就开始了，广州为11月1日，重庆为2月15日，上海为3月27日，北京为4月1日，天津为4月6日，乌鲁木齐为4月26日，黑河为5月11日。塞北同江南，竟相差半年多！至于号称“四季如春”的昆明则无所谓春天从哪一天开始，因为昆明全年最冷的1月平均温度是9.6 ℃，最热的7月平均温度是20.1 ℃，全都是春天！

按照气候学上关于四季的“明文规定”来划分，我国温州以南的地方就没有冬天，哈尔滨以北的地方就没有夏天。

不过，就全国范围来说，在4月份大部分地区都已进入春季，例外的只有华南已是初夏，青藏高原和东北则仍是冬天。

王安石曾经写过这样一首诗：“春日春风有时好，春日春风有时恶。不得春风花不开，花开又被风吹落。”

春季，的确是个天气多变的季节，特别是春末夏初的时候，江南春雨绵绵，三天两头老是淅淅沥沥地下个不停。然而，有时灰沉沉的云间会突然出现蔚蓝色的“天眼”，太阳从云丛中羞答答地探出头来，没一会儿，阳光灿烂，天空变得一片晴朗。怪不得人们常说：“春天孩儿面。”是呀，春末夏初的江南气候，就是那样晴雨不定，天空像小孩子的脸似的：时哭时笑，时阴时晴。

这是为什么呢？原来，在春天，江南一带的天空中，有两个“隐身人”在那里打“拉锯战”哩！

离江南大地不远，便是浩渺的太平洋。春天，来自太平洋上的“隐身人”——东南风，又暖又潮湿，向沿海一带“大举进攻”。而原先统治在这些地方的“隐身人”——西北风，又冷又干燥，它的力量也不弱。于是，棋逢对手，将遇良才，这两个势均力敌的“隐身人”便在“界河”——长江一带一来二去地打起“拉锯战”来。

东南风水蒸气丰沛，一遇上西北风，温度就剧降，大量水蒸气就凝结了，形成一层层又浓又厚的乌云，布满苍穹。云中含有大量水分，所以就淅淅沥沥地老是下雨，怪不得“春雨绵绵”了。

春天天气变幻多端，是由于两个“隐身人”的“拉锯战”的战局不定——东南风的强弱不定：当东南风势盛时，打败西北风，天上便“俄顷风定云墨色”，大雨如注，甚至春雷也大敲战鼓前来助威。可是，有时东南风很弱，天空依然被西北风霸占着，这时便乌云四散，太阳就“犹抱琵琶半遮面”一般从云中探出头来，照耀着泥泞的大地。

春雨连绵，特别是春末夏初“黄梅时节雨纷纷”的时候，温暖多雨而又阴晦，这正是霉菌大肆进攻的好时光。家中的衣服、袜子、馒头、糧糊等，一不留意，没几天便变得像“金钱豹”似的，上面满是白色、黄色和绿色的霉状物。这样，在春雨潇潇的时候，应当特别注意衣物、粮食保持干燥，防止霉菌繁殖。在难得的久雨初晴之际，要“见缝插针”，抓紧时机晒晒被子、衣物，免得发霉受害。

春日话风筝

春天，风和日丽，正是孩子们放风筝的好时节。

在古代，风筝最早被叫作“木鸢”。据说春秋时期的巧匠公输班，便曾经“制木鸢以窥宋城”。那时，纸还没有发明，风筝是用又轻又薄的木片做的。因为它能随风高高地“飞”入云霄，很像善于高飞的鸢鸟，所以称之为“木鸢”。

到了汉朝，人们发明了纸，便开始用纸代替木片来糊风筝，故此改称为“纸鸢”。由于纸鸢制作简便，飞得又高，趣味强，所以，吸引了许多爱好者。在古代不仅孩子们喜欢，甚至连大人也喜欢放风筝。宋徽宗在皇宫里，居然也偷偷地放起纸鸢来。

据《挥麈录》记载：“徽宗初践祚，曾文肃公当国。禁中放纸鸢落人间，有以为公言者，公翌日奏其事。上曰：初无之，传者之妄也。”

践，履也。古代庙、寝堂前两阶，主阶在东，称作阼阶。阼阶上为主位，因称即位行事为“践祚”。

宋徽宗即位之初，也放纸鸢，纸鸢断线掉到了宫外，可是，当别人问他这纸鸢是不是他放的时，他却又红着脸矢口否认。

据《询刍录》记载：“五代汉李邺于宫中作纸鸢，引线乘风为戏。后于鸢首，以竹为笛，使风入作声如筝，故曰风筝。”

后来，唐朝诗人高骈在《风筝》一诗中写道：“夜静弦声响碧空，宫商信任往来风。依稀似曲才堪听，又被移将别调中。”这首诗生动地描述了在夜深人静时，听见风筝在空中呼呼作响的情景。

风筝，不光是孩子们的好伙伴，甚至许多科学家都曾用它做过科学实验。1749 年，英国的天文学家威尔逊・亚历山大，为了测量高空的温度，便利用风筝系上温度计进行测量。1752 年 6 月 10 日，这天雷电交加，著名的美国科学家富兰克林和他的儿子把一个实验风筝放到高空，揭开了雷电的秘密——原来，闪电只不过是两块带电的云相遇，相互放电罢了，而雷声只是放电时发出的巨大声响。

富兰克林的实验，驳斥了那些“雷公电母”的迷信说法。

1753 年 7 月，俄国科学家罗蒙诺索夫和利赫曼为了探索雷电的奥秘，他们在雷雨天把风筝放上天空。由于风筝的线被雨打湿了，利赫曼不幸触电而亡。罗蒙诺索夫万分悲痛，却没有动摇意志，他为利赫曼念完悼词之后，又冒着生命危险，继续做雷声探索试验。

1911 年 12 月 12 日，英国科学家马可尼在第一次试验从英格兰的康沃尔发一份无线电报到纽芬兰时，恰恰遇上了风暴，把无线电机的天线弄断了，马可尼急中生智，把一个风筝放上天空，用它代替天线，终于使第一次横跨整个大西洋发射无线电报的试验获得了成功。

风筝不仅在科学实验上有着光荣的“历史”，在军事上，也有着妙用。据《古今图书集成》记载，汉朝的名将韩信在攻打未央宫时，曾经放纸鸢，利用鸢线的长短来测量距离。据《独异志》记载，梁武帝太清三年时，叛将侯景围攻台城，大臣羊侃在城中把告急文书系在风筝上，只因被侯景的军队发现，告急文书被射落，这才求救失败。

小小的风筝，竟有着那么漫长和有趣的历史！

至今，风筝仍然是孩子们非常喜欢的“好朋友”。风筝的式样也变得越来越多：有的像只大蝴蝶，有的像凤，有的像龙，也有的像一条鱼（画着鳞片）。春天，让孩子们去放风筝，对他们来说，不仅是一种很好的游戏，也是一种很好的体育活动。因为严冬刚过，让孩子们到野外跑跑，见见阳光，对身体很有好处。

最后，顺便提醒一句：不要让孩子们在马路或阳台上放风筝，一则孩子们只顾看风筝，不注意来往车辆，容易出交通事故；二则风筝容易绊在电线上，容易发生危险；三则阳台较高，小孩放风筝时如不注意，会摔下来，造成伤亡事故。

春回大地绿茵茵

每当春天，不论是山地还是河畦，到处都是草的世界。

草，不全是害草，也不全是益草，杂草是我们的“敌人”，而绿肥作物和牧草是我们的“朋友”。

农谚说，“种田不除草，肚皮不得饱”。相反地又说，“一把草子一把谷”“草是田中参”。这话听来似乎是前头说吃醋，后头说不酸——自相矛盾。其实这也并不矛盾：因为前面说的草，是指田里的杂草；而后面说的草，是指田里的绿肥作物。

一提起杂草，谁都讨厌它、恨它。因为杂草是庄稼的心腹之患，它常常与农作物争肥料、争水分、争阳光。据统计，菜园和果园里的杂草，平均使收成减少10%。因此锄草是田间一项很重要的工作。

然而，正如俗话所说："年年除草，年年有草。"杂草是田野上的"赖皮鬼"，不论人们怎样锄它，它仍然厚着脸皮赖在那里。

杂草之所以能在田里赖下去，最主要是由于它有较强的繁殖能力。一棵杂草，往往能结出上万颗甚至几十万颗种子。这些种子的发芽期参差不齐，因此，即使有一部分种子发芽后遇上寒冻、干燥等恶劣条件而死亡，但是，总还有另一部分种子可以在良好的条件下萌芽生长。有人曾经测算过，一亩（1亩=666.67平方米）田里所有杂草种子的数量，竟有两三亿个！这和田里的庄稼种子数目相比，大约是1000∶1。怪不得杂草总是能一年又一年地生存下去。

有的杂草种子具有很强的生命力，如荠菜的种子，即使是被牲畜吃进去，在牛、羊或马的肚子里作了一番"旅行"，随着牲畜的粪便来到田里，仍有四分之一的种子能发芽。

另外，有的杂草和庄稼很相似，"鱼目混珠"，叫人真假难分。像水稻田里的稗草，小麦田里的野豌豆，都"化妆"得十分巧妙。

然而，杂草终究是人类的死敌，人们想尽一切办法来消灭它。在农村，人们用拔青苗的办法来消灭杂草；播种前用筛选的方法，清除杂草的种子。

现在，人们还使用了"新式武器"——化学除草剂来消灭杂草。也许你会感到奇怪，化学除草剂好像长着眼睛似的：当你在稻子、小麦、裸麦、燕麦的田里喷洒了化学除草剂如"2,4-滴"以后，杂草很快便死掉了，而庄稼却安然无恙。

这是为什么呢？原来，"2,4-滴"是大名鼎鼎的植物生长刺激剂，然而当它的浓度较大时，能够抑制植物生长，甚至把植物杀死。人们在稻麦田里喷了较浓的"2,4-滴"溶液以后，由于稻、麦都是禾本植物，叶子窄，而且表面都有很厚的蜡层和毛覆盖着，"2,4-滴"没法渗透进去，因此，对稻、麦的生长没多大的影响。而杂草可不同啦，因为它们绝大部分都是些宽叶植物，叶子大，又没有保护层，“2,4-滴”很容易渗入，抑制它们的生长，使它们在几天内就发黄、枯萎而死去。

农谚说：“种田先要种花草，花草真是农家宝。”又说：“人要补桂圆枣子，田要肥河泥草子。”这里所说的草，自然不是杂草，而是指绿肥作物。

春天，百草竞生，人们常常在播种庄稼之前，先在地里播种紫云英、苜蓿、苕子、大麦青或油菜青等作为春播绿肥。春播绿肥成本低、省劳力、肥效高，而且又不占用耕地面积，是春季积肥的一条重要门路。在人多田少的地方可以采取绿肥与庄稼套种的方法；在田多人少的地方还可以用绿肥与庄稼轮作的方法以扩大绿肥的种植面积，为粮食丰产广开肥源。

最重要的绿肥作物，要算是苜蓿和紫云英了。它俩都是以“四海为家”的植物，适应环境的能力非常强：能够在雨水很少的地方生长，也能在酷热或者寒冷的地方安家落户。它们在春、夏、秋三季都能播种，而且能够连长两年，甚至几年。

苜蓿和紫云英虽然不打粮食，但它们却能作为庄稼的“食物”，能使庄稼增收。“草子种三年，坏田变好田”“今年一田草，明年一田宝”。苜蓿和紫云英的根部，附生着大量的根瘤菌，能够固定空气中的氮，给土壤增加氮肥。风干后的苜蓿里，含有3.3%的氮、0.7%的磷和2.7%的钾。

绿肥，是一种很好的天然肥料，但是，它一定要沤烂了才能施用。正如农谚所说：“人要咸菜饭，田要草子烂。”因为绿草中含有许多复杂的有机物，它们大都不溶于水，只有彻底沤烂，把它们全部分解成能溶于水的东西，庄稼才能吸收。

“稻大看草子”，让我们多种绿肥作物，为赢得粮食丰收打下物质基础。

春种一粒粟，秋收万颗子

“春种一粒粟，秋收万颗子。”春天，是播种的季节。春为一年之始，“一年之计在于春”，只有春天播种播得好，才有秋天黄澄澄的谷子堆满仓！

一粒种子要有适当的温度、足够的空气和水分，才能萌发，长出幼根，生出嫩绿可爱的叶子来。

原来，虽然各种种子的“长相”很不一样——豌豆是球形的，大豆像椭圆形的腰子，棉籽是卵形，荞麦是三棱形，蓖麻是扁椭圆形。然而，它们差不多都是由这样三个部分组成的：种皮、胚和胚乳。

种皮是种子的“外衣”，由几层细胞构成，有厚也有薄，它的任务是保护种子的安全。

花生的种皮很薄，几乎透明；菜豆的种皮就厚一些，而且十分坚韧；至于菜籽的种皮就更厚了，成了一层硬壳。

胚是种子的“命根子”，幼苗是由胚发育而成的。谷子顶上的那个“小点”和菜豆腰间的“眼睛”，就是胚。

胚乳，它是种子里的“仓库”，幼苗便是从这个“仓库”里源源不断地取得营养物质。在小麦、稻子的种子里，“仓库”中堆放的东西大都是淀粉。当种子发芽时，淀粉会逐渐转变成麦芽糖、葡萄糖，“喂养”幼苗成长。淀粉并不甜，而麦芽糖、葡萄糖挺甜，怪不得发了芽的麦粒、谷粒有股甜味。随着幼苗渐渐长大，胚乳便渐渐消瘦、萎缩。发芽期的特点就是植物在此期间不需要外来的营养物质，因此，这个时期的植物虽然增加了体积，但并没有增加重量；不仅没有储积物质，相反在消耗物质。

当胚乳里的养料差不多用光时，幼苗的根此时恰好可以从土壤里吸取养料，正像一个幼儿断奶后开始了新生活一样。

也有些植物的种子（像四季豆、黄瓜、南瓜、向日葵等双子叶植物）是没有胚乳的。不过，没有胚乳并不等于没有仓库。那么，它们的养料储藏在哪儿呢？原来，是藏在子叶里。所谓子叶，是指种子从土壤里长出来以后，第一对又厚又大的叶子。当幼苗逐渐长大时，子叶便慢慢收缩，最后凋萎，因为这个“仓库”里的“存货”全用光了！

在种子里，胚乳或者子叶的重量常常占95％以上。我们平常吃米饭或者黄豆，其实就是吃谷子的胚乳（即米粒）或者黄豆的子叶（即豆瓣）。

这样看来，种子里的这些奇妙的“仓库”——胚乳或子叶该是多么重要哇！在播种时，人们总是选出粒大饱满的种子播到田里去，便是因为这些种子“仓库”的存货多，营养充足。另外，这些粒大实饱的种子里，胚也比较发达，将来长大后，能保持母体的优良性状，结出使人满意的果实来。

种子也是有生命的。有的种子寿命长，比如莲子，即使放了几年，甚至几百年、一千年也会发芽生根。有的种子寿命却比较短，比如黄豆、西红柿、向日葵的种子只能活两三年，蚕豆、黄瓜、白菜的种子能活3—6年，蓖麻的种子能活两年，辣椒的种子能活一年，而可可的种子只能活35个小时。种子发芽需要三个条件：适当的温度、足够的空气和水分。如果缺少其中一个条件，种子便不能正常发芽。所以要贮藏好种子，可以用以下三种方法：

第一，把种子放在0℃左右的地方；第二，放在真空或者缺乏氧气的地方；第三，放在干燥而不易受潮的地方。这三种方法中，第三种最简单、最容易办到。在农村，人们总是把种子晒干，放在干燥的地方保存起来。到了来年春天再拿出来播种。在播种前，为了使种子出苗整齐壮健，发芽率高，人们常常先把保存了很久的种子拿出来晒晒太阳。经过三四天的阳光照射，然后拌以农药，把种子浑身进行一番消毒。经过这样的处理，就可以消灭种子身上的病菌，开始播种了。当然，也有些在播种前先将种子在水里浸几天，让它喝足水分，以便催芽。

田野上，花香鸟语，春光明媚，让刚刚播下的种子在大地的怀抱里快快成长吧。在大家的努力之下，一定能够夺得好收成！

阳春三月植树忙

春天，是万物滋生的季节。在这个生机勃勃、欣欣向荣的季节里，人们忙着春耕、春播，也忙着植树造林，绿化我们的锦绣山河。

春天，正是种树的好季节。在马路两旁，在荒山旷野，在房屋周围的空地里，种上袅娜多姿的垂柳、亭亭如盖的梧桐、笔挺粗壮的白杨——这，不光是为了好看，而是它们给人们带来了许多的好处。

在城市，烟囱林立。无数的烟囱，排出大量的二氧化碳，危害着自然环境。而人无时无刻不在吸进氧气，同时呼出二氧化碳。这样，空气中的氧气不断被消耗，二氧化碳却像滚雪球似的越积越多。人们可能会问：这样下去，人畜不会死光么？其实不然，自然界本身是一个自动调节的系统。其中，树木起着十分重要的调节作用。

树木，是一座“氧气制造厂”：白天，在阳光的照射下，树木不断地进行光合作用，大量地吸收二氧化碳，排出氧气，从而改造了城市的空气。据统计：10000 平方米土地上的绿色树木，每小时能吸收 8 千克二氧化碳，这等于同一时间内 200 个人呼出来的二氧化碳的总和。

树木的另一个重要作用：使空气新鲜、潮润、凉爽、宜人。

树木的根，深深地扎进大地的怀抱，吮吸着大地的乳汁——水分；而树木的叶子，却不断地蒸发着根部从地下吸收的水分。在夏天，一棵大树 1 天要蒸发掉将近 6 桶水。由于水分的蒸发，使得周围空间的热量发生变化，就好像注射时大夫往你的手臂上涂了酒精一样，酒精一挥发，你顿时感到凉丝丝的。

据测定，在夏天，当街道表面被太阳晒热，温度升高到 35 ℃时，街道上的空气温度为 30 ℃，而树木叶子的温度为 23 ℃，树荫下的空气温度为 22 ℃。是呀！街道上的树木，像一把把巨大的凉伞，遮住了那“炎炎似火烧”的阳光！

树木，还是一张捕捉灰尘的“网”哩！你曾注意到这样的现象吗？下雨前，树叶是那样灰暗没有光彩，而雨后却是多么鲜艳而青翠欲滴。

其实，这就是因为树叶能吸附灰尘，下雨时雨水把灰尘冲到地沟里去了。难怪天文台周围常常要培植一条由树木构成的绿色防护林带，目的是使空气变得清洁、明净，以便从望远镜里能更清晰地观测那遥远的星球。另外，树木能够挡风，使狂风不能像赶鸭子似的把尘土卷起，也使空气变得清洁些。

其次，树木还能给空气“消毒”呢！野樱树、白桦树、针叶树以及其他一些树木的叶子，能分泌出一种杀菌素。例如，野樱树分泌的植物杀菌素中含有强烈的毒素——氰酸，如果把苍蝇放到盛着野樱树叶的瓶子里，不到一分钟苍蝇就呜呼哀哉了。

此外，树木还有一种常被人们忽略的作用：它能减轻城市的噪声！特别是在窗临闹市的房子周围种些树，会使室内变得安静得多。

上面讲的是城市种树的好处。在农村，树木也是人们向大自然作斗争的强大“同盟军”：人造防护林像一道道绿色的长城，既能保持水土，防止风沙飞散，又能改善农作物和经济作物的生长环境。同时，木材还可以供人们建造房屋，铺设桥梁，加工成枕木和坑木，制造家具和工具等。

植树，总是在春天。特别是阳春三月，更是机不可失。为什么春天最适宜于种树呢？因为春天是树木枝芽萌动的季节，也是植物生命力最旺盛的时候，是所谓“青春”的黄金时刻。根，是植物的“命根子”。要使一棵树能够健康地成长、生活下去，首先是要使它能深深地扎下根。农谚说：“根深则叶茂，叶茂则果盛。”这话，一点也不错。然而，在移植时，最容易使树苗的根受到损害。只有在春天，正是树木生机勃勃、内部贮藏着丰富的养料的时候，即使树苗的根受了些伤，也能很快愈合。在植树时，除了要注意保护树苗的根之外，最好在移植前，把树苗的叶子剪掉一半或者三分之二，这样树苗更容易成活一些。

为什么呢？这是“退一步进两步”的办法：叶子多，消耗的水分也多。树苗刚一移植过去，根还来不及从土壤中吸收水分，这时，剪去一些叶子，正可减少水分蒸发。之后，等根部长好，大量水分运上来，这时又正值春天，再长些叶子，并不困难。树木就变得繁叶满枝了。

春光易逝，让我们抓紧时机，趁大好春光，用我们的锄头当作画笔，把我们的祖国点缀成一片碧绿。待秋后，看满园花果！

蛙声阵阵春意浓

小时候，你曾猜过这样的谜语吗？“有一物，坐也坐，卧也坐，立也坐，行也坐。”

这是什么东西呢？它就是这篇科学小品文的“主角”——青蛙。

春天来了，和风阵阵吹拂，沉睡的大地苏醒了。一场春雨，田野上万草萌发，一片葱绿；百花齐放，瑰丽多姿；鸟语虫鸣，春意更浓。可是，你曾听过吧！每当清明过后，特别是一场暴雨之后，一片呱呱之声响遍了田头地角，它像一出大型“交响乐曲”的“主旋律”一样，给春天增添了欢乐的气息。

这一片呱呱之声，是青蛙的恋歌。原来，当大地春回之后，青蛙也解除冬眠，精神抖擞地来到广阔的田野开始交配产卵。当你从田边、河溪边走过，常常可以看见水草上面挂着形如泡沫的胶状物，那便是蛙卵。过不了几天，从蛙卵里钻出了一个个小逗点似的蝌蚪，这便是青蛙的幼子。

小蝌蚪出世两个月后，长出了两只后脚；再过两个月，又长出了两只前脚。这时，它们尾巴掉了，由鳃呼吸变为肺呼吸，变得和父母一样——成了青蛙。

然而，世界上无奇不有：在一些山溪的水中，由于缺乏碘质，蝌蚪的尾巴竟然不会掉，一直到老，还拖着根尾巴！

青蛙长着宽宽的大嘴巴，白白的胖肚皮。可能是由于“貌不惊人”吧，在童话里，它常常成为作家笔下爱吹牛皮、讲大话的角色。有趣的是，青蛙的这张大嘴巴，只吃不喝，青蛙所需的水分，全是从皮肤“进口”的——靠皮肤来吸收！

青蛙，在动物学上是介于鱼类和爬虫类之间的两栖动物。蟾蜍、蛤蚧、蝾螈、娃娃鱼，是它的“远房兄弟”。

青蛙的寿命，一般可达16—17年。每年，每只青蛙都产下盈千累万的卵，可是，因为蛙卵常常成了鱼儿的“点心”，地球才没有变成“青蛙世界”。

青蛙是益虫——它从小就开始给人们帮忙。据试验，一只蝌蚪一天最多能够吃100多个蚊的幼虫——孑孓。

等蝌蚪长大变成了青蛙，那捕虫的本领就更大了。青蛙有一套完善的捕虫“设备”：它的舌头长得很特别，平时折在口腔里，一旦有带翅膀的“客人”从跟前飞过，舌头立刻伸得老长老长的，而且舌上分泌着黏液，一下子便把“美味”吞咽了。另外，青蛙还长着两只粗壮有力、善蹦善跳的后腿，更是“如虎添翼”，给它带来不少方便。据统计，一只青蛙每天可捕虫百余只，蝼蛄、天牛、蚱蜢、蛞蝓、步行虫、水稻螟虫、稻纵卷叶螟等这些农业上的害虫，都成了青蛙的“家常便饭”。

普通的青蛙能够在水里、陆上消灭害虫；雨蛙竟能上树，到树上去“杀敌”；而著名的爪哇的飞蛙，还能滑翔捕食知了和飞蝗。青蛙对农业的贡献是多方面的：青蛙的粪便，可以作为肥料；青蛙的鸣声和体色，常随着温度、湿度的不同而改变，有经验的农民把它当成“晴雨计”来预测天气的变化。

春雨贵如油

按照中国的二十四节气来说，从“雨水”（阳历 2 月 19 日左右）之后，开始降春雨。到了“惊蛰”（阳历 3 月 6 日左右），雨量逐渐增加。“清明”（阳历 4 月 5 日左右）时节，便有相当的雨量。到了“谷雨”（阳历 4 月 20 日左右），降雨量便开始迅速增加。春末夏初，那便是著名的“黄梅时节雨纷纷”的多雨气候了。

春天降雨的特点：早春少雨，暮春多雨。

“春天多积一滴水，秋天多收一粒谷。”春雨，为什么这般宝贵呢？

农谚说得好：“有收无收在于水，收多收少在于肥。”水，是庄稼的命根子。一颗玉米或者小麦，一生中需要吸收 600 千克以上的水，而一颗稻子所需要的水分，比玉米、小麦还多得多哩。

没有水，庄稼就会枯死。风一吹，枯叶会像纸片一样满天飞！庄稼在制造食物时，固然需要水做原料，然而，庄稼所吸收的水分中，只有 1‰—2‰被用来制造食物，那么，剩下的 998‰—999‰的水跑到哪儿去了呢？跑到空气中去了。庄稼叶子的表面，“千疮百孔”，绝大部分的水，正是从这些细孔里蒸发掉，跑到空气中去了。

唉，这岂不是太浪费了吗？不，一点也不浪费。如果不这样，庄稼简直没法活下去。

原来，当叶子上不断地蒸发水分时，就带动水分不断地向叶子流动，使得土壤里一些溶解于水的矿物质，也坐上“列车”，跑到叶子上，参加食物的制造工作。另外，当叶子上大量蒸发水分的时候，就像人出汗一样，会带走很多热量，降低温度，使叶子不至于被骄阳灼伤。相反，一旦水分不足，叶面温度很高，娇嫩的叶绿素就会被破坏，叶子也就枯黄了。春天，水分更像黄金一样宝贵，因为冬耕之后，土壤里正缺水。入春以后，一场春雨滋润了土地。而这时，刚刚播下的种子，正像婴孩需要奶汁一样需要水分。再过些日子，冬小麦返青、拔节、分蘖，春小麦、水稻、玉米开始成长，那就更加迫切地需要水分了。另外，三四月间，市场上正是青菜的淡季，可是田野上正是大忙时节，人们忙着照料菠菜、韭菜、芹菜、白菜、葱，这些蔬菜，个个都是“饭桶”兼“水桶”——大量需要肥料和水分。

农谚说：“春旱凶似虎。”又说：“水足丰收，水少歉收，无水无收。”为了让庄稼喝到充足的水分，人们想尽各种各样的办法，与天奋斗，与天争粮！

用种庄稼的内行话来说，这叫“保墒”。

“墒”，就是指土壤里含水量的多少。

俗话说：“积谷防饥，蓄水防旱。”又说：“人治水，水利人，人不治水水害人。”人们防旱的最重要的方法，就是兴修水利——筑水库，挖水渠。“冬挖一口塘，秋收万担粮。”我国向来有利用冬闲大兴水利的习惯，经过多年的努力，已经取得不少成绩，一定程度上，摆脱了“靠天吃饭”的被动地位，成为大自然的主人。

春天，农民们也常常耙地、锄地防春旱。

俗话说：“锄头下有水。”锄地，之所以能够“保墒”防春旱，是因为把地表面的土壤锄过了，破坏了土壤里的毛细管，使土壤深处的水分不会沿着表面土壤里的毛细管上升蒸发。于是，“墒”也就保住了。这样，怪不得农谚说：“秋粮出在锄头上，多锄勤锄多打粮。”

不过，话得说回来，“春雨贵如油”这句话中的“春”字非常要紧，并非所有的雨都“贵如油”，田里的水也并非越多越好。雨水太多，虽然不旱了，可是涝了。

土壤过于潮湿，空气不流通，特别是幼苗，很容易烂掉。另外，倾盆大雨哗啦哗啦地冲洗着田野，会冲走表面层的土壤，甚至把刚播下的种子和幼苗也冲走，这样就适得其反了。

一般来说，春天的雨水比起夏天来，并不算太多，而且下的是“绵绵春雨”，并不是“瓢泼大雨”。春雨，“润物细无声”，一场喜人的春雨，被土壤吸收，对庄稼的生长很有利。这样，怪不得说“春雨贵如油”。不过，到了春末夏初，尤其是到了夏天，降雨量大增，而且下的都是黄豆般大的骤雨、暴雨，对这样的雨就要具体分析了。所以，从来也没听说过“夏雨贵如油”。

夜雨剪春韭

韭菜，俗称“懒人菜”。这个称号是怎么来的？是因为韭菜具有耐肥、耐旱、耐害以及不择风土的特性，一般不用喷药防虫，不用天天浇水，不用经常除草，只要每割一次施一次肥就行。既省工又省力，故此得名。

《笑林广记》里有这么一则笑话：一位客人在闲谈中，向主人谈起韭菜可以割了又割的特点。主人留客吃饭，找妻子到厨房里做菜，可是，妻子却不知到哪去了。后来，才在后园里找到她。原来，她一听到客人讲的那番话，便急忙到后园把白菜拔掉，准备种韭菜了！另外，江西也流传着这样的儿歌：“剃头刀儿割韭菜，寅时割了卯时有。”这也说明韭菜割了之后生长之快。

我国很早就种植韭菜，而且南方和北方都种。《诗经》里便有献羔祭韭的记载，把韭菜作为祭品。

明朝李时珍的《本草纲目》，更把韭菜列为药物。

在植物学上，韭菜是属于百合科的鳞茎类宿根植物。韭菜的叶子细长扁平，绿色，并且有特殊的香味，十分可口，是很多人喜欢吃的蔬菜。韭菜可以清炒，也可以与鸡蛋、豆芽、肉丝一起炒。

韭菜根部的鳞茎很小，不好吃，但分蘖能力很强，割了一次之后，仍会长出新叶。如果每月割一次，每次割过后施一次人粪尿，则一年之内可割七八次。到了八九月，韭菜会抽花梗，花梗的顶端开伞状的白色小花，结的籽小而黑。结籽之后，韭菜的生命并没结束，因为它是多年生的植物，它的鳞茎里贮藏着不少养料，到了第二年，又会长出新叶来，不必再植新苗。这样可以一直割六七年。然后，韭菜才逐渐衰老，需要更换新苗。韭菜在北方都是春播或夏播。春播在四五月下种，到七八月便可定植；夏播在 7 月下种，到第二年 4 月定植。南方则大都是秋播，10 月下种，到第二年 4 月定植。只要管理得好，不论是北方还是南方，从春天到秋天，都可以吃到韭菜。

最好吃的韭菜，是每年春天韭菜发芽时长出的嫩叶，称为“春韭”。唐朝诗人杜甫，便有“夜雨剪春韭”的诗句。另外，《山家清供》一书中，也记载着这样的故事：六朝的周颙，清贫素食，终日吃蔬菜。文惠太子问他蔬菜中哪一种味道最好。他回答说，春初早韭，秋末晚菘。

不过，春韭终究很短暂，不可多得。人们想出这样的办法：给韭菜培土，由于下端的韭叶被埋在土中，见不着阳光，便变得白而软，而上端仍是绿色的。这下端的味道，近于春韭。后来，人们干脆用钵子把韭菜盖起来，得到黄白色、柔软的韭菜，胜似春韭，称作韭黄。

扬帆出海迎春汛

每年春天，当农民忙着春播、春种的时候，海洋上，也正是渔民扬帆出海迎春汛的大忙季节。

当春风阵阵吹拂海面、水温渐渐回升时，鱼儿们便开始活跃起来。它们纷纷从远海过冬的“潜伏区”出发，成群结队地游向近海和河港来产卵，繁殖新的一代。这正是渔民们捕捞的黄金时期。

黄花鱼，算得上是我们的“老相识”了。我国每年所捕获的鱼类中，有相当一部分是黄花鱼。每年冬天，黄花鱼在黄海南部和东海南部沿海流势弱、水温又高的“避寒胜地”越冬。当春姑娘姗姗来临时，它们就开始向北移动，在山东、浙江一带的海面上“抛头露面”，追逐着产卵。

当春汛到来时，鱼群往往庞大惊人，在大海中，从船舷边上抬头一望，常常可以看见几千米长的“银河”——鱼群。

鱼产卵的数目是异常惊人的，每条鲱鱼能产 1—2 万粒鱼卵，而每条鳕鱼竟能产 900 万粒鱼卵。可想而知，一个包括上百万条鱼的鱼群所生产的鱼卵，简直是一个无法统计的数字！而每个卵，如果条件合适，经过 20 多天，便会孵出一条矫健灵活的小鱼来。鱼类的繁殖能力是多么强啊！

鱼儿有着流线型的身体，非常善于游泳，一昼夜便可以游动几十千米。每年春天，它们都要远涉千里：大马哈鱼要远涉 1000 多千米，小白鲑要长征 3000 多千米。愈是大鱼，游得愈远。鲸鱼洄游很远，一年之内所游过的路程达 15000 千米。

鱼类在远游时，常常一心一意地忙着赶路，在路上不吃东西，依靠肚子里原先贮藏的脂肪维持生命，而一游到目的地，常常疲乏不堪。

也有的鱼儿不是为了产卵，而是因为伴着它们的同类或者由于暖流北移，也跟着来到了近海一带。这样，春天的沿海一带，成了各种鱼类大会师的地方。

鱼儿浑身是宝：鱼肉含有大量的蛋白质，还含有维生素 A，含量比猪肉、牛肉都丰富。鱼中还含有不少磷，可以补脑。人们常说："住在海边的人比住在山头的人聪明。"这话，不见得对，不过，海边的人平时吸收的磷比内地的人多倒是事实。至于鱼肝油，那更是人体很好的营养强壮剂。除此之外，鱼类还是很重要的工业原料和肥料：鱼鳔，可以制成鱼胶；鱼的内脏，可以榨油，榨过油的残渣，可以晒干制成鱼粉（鱼骨也能磨成鱼粉），鱼粉是牲畜家禽的好饲料，也是农业上的好肥料；鱼鳞可以制成胶水以及电影胶片；鱼皮也能被利用制成靴鞋。随着科学技术的进步，鱼类的用途将进一步被发掘。

海洋，是蔚蓝而透明的世界。海洋上，只要防止污染，鱼类自己会一代一代地繁殖下去，用不着人们操心，而人们只需当汛期到来时，扬帆出海，撒网而捕。渔业，在国民经济中占有重要的位置。

趁春汛，高唱渔歌，扬帆出海吧。待归航，银光闪闪鱼满舱！

春江水暖鸭先知

"竹外桃花三两枝，春江水暖鸭先知。"这是宋朝诗人苏轼在《惠崇春江晚景》一诗中的佳句。当和煦的春光阵阵吹拂，江河水由冷转暖时，鸭子已在水面嘎嘎嬉戏了。

鸭，是一种水禽。鸭的祖先是野鸭，又叫凫。鸭喜爱凫水，在陆地上行走时，步履较迟钝，在水中却十分灵活自如，鸭的尾部有皮脂腺，能不断分泌油脂。鸭子常用嘴巴插进尾部羽毛里，把皮脂腺分泌出来的油脂涂在周身羽毛上；羽毛上涂了一层油脂，水珠就挂不住了。因此，鸭子整天浸在水中，也不会透湿。鸭子羽毛的保温能力很强，不怕水冷。鸭的体温在 42.7 ℃左右，高于很多家禽，因此，鸭舍一般都筑得十分简单，只要能避风雨就可以。冬天，有些人常把鸭和鸡同舍，使鸡从鸭身上得到热量。

鸭每年在春夏间产蛋，产蛋时间常在黎明到午前八九点钟光景。原来母鸭是会孵蛋的，但因为不孵蛋的鸭子长得肥，人们就在长期驯养中改变了母鸭孵蛋的习惯，养鸭专门用来吃肉或生蛋。所以，现在人工饲养的鸭往往自己不会孵蛋。除了人工孵化鸭蛋之外，常用鸡替鸭孵蛋，充当鸭的“义务保姆”。春天，正是雏鸭孵化出来的季节。雏鸭全身长着鹅黄色的羽毛，好像绒球在地上滚动，很逗人喜爱。雏鸭从小就十分贪食，肚子饿了就吵闹不休，一旦吃饱了便呼呼大睡，因此长得很快。

在南方农村一带，人们常把鸭子成群赶到河、湖里放养，让它们吃水草、小鱼、小虾，叫作水养。由于动物性饲料充足，鸭群生长很快。除了水养之外，还可以在陆地上放牧。不过，在孵化后两三周内，要先把雏鸭放在浅水器上，使它慢慢习惯于游泳后，才可放到水边。鸭从外表上看较散漫，可实际上它也是合群而居的。鸭群中常有一个“带头”的，赶鸭的人只要善于带领，管起鸭群来也很轻松。我国鸭的品种繁多：有白鸭、黄鸭、凤头鸭、北京鸭、苏州娄门鸭、福建金定鸭、广东麻鸭、白沙鸭、松香黄鸭等。其中的北京鸭，是世界名鸭之一。北京鸭生长快，成熟早，性情温顺，肉质鲜嫩肥美。

我国科学工作者掌握了北京鸭的生长发育特点，利用科学方法来饲养，使北京鸭出生后 45 天就长成体重 2.5 千克的大肥鸭，供应国内外市场。如今，经过培育，北京鸭也在南方定居了。

鸭肉细嫩、肥美、可口，是人们喜爱的食品。鸭蛋富有营养，据测定，它的营养价值与鸡蛋差不多。鸭蛋还可以制成皮蛋、咸蛋、糟蛋等。鸭的羽毛柔软、多绒毛，制成的被子保温能力相当好，而且很轻盈，携带方便。鸭粪还可以作肥料。

鸭，真是浑身是宝。

2 挥扇话夏

万物并秀话立夏

5 月 6 日左右是立夏。按照中国夏历传统的说法，立夏便意味着夏天的开始。

夏天是万物繁荣茂盛渐趋成熟的时节。明朝高濂著的《遵生八笺》一书里便这样写道：“孟夏之日，天地始交，万物并秀。”而我国古代广泛流传的“七十二候”也说：“立夏之日，蝼蝈（即青蛙）鸣，蚯蚓出，王瓜生，苦菜秀。”这几句话便简明地勾出了立夏时大自然的特色。

在我国，一向非常重视立夏。据说，周朝的时候，立夏前三天，太史要向天子报告哪一天是立夏。到了立夏这一天，天子便要亲率文武百官到郊外去“迎夏”，并命令司徒等官到各地勉励农民耕作。因为立夏之后，气温经常保持在 25℃以上，雨水充足，在农业上是“多事之秋”，格外繁忙。

《农政全书》里，列了一张表，列举了立夏之后的种种农事，例如，芝麻、大豆、晚黄瓜、绿豆、白苋、葵花等该下种了；蚕豆、豌豆该开始收割了；而茄子需要移栽，竹子该斫了；等等。

一般来说，大多数庄稼在夏天正处于迅速成长、成熟的时候。据测定，这时的玉米每昼夜甚至可以长高 8 厘米！正因为这样，庄稼需要大量养料和水分，应该及时进行追肥和灌溉。立夏之后，除草也是一项重要的工作。正如农谚所说："立夏三朝遍地锄。"因为夏天既然是"万物并秀"的季节，并非庄稼"独秀"，田里的杂草也趁机迅速成长，和庄稼抢肥料、争水分、夺阳光，唱"对台戏"。农谚说："一天不锄草，三天锄不了。"这句话恰如其分地勾画出了立夏之后野草的那股气势汹汹的劲头。因此，我们必须加强田间管理，有草必除，趁早除，趁小除，把这"坏蛋"扼杀于"摇篮"之中！

与此同时，庄稼的另一个心腹大患——害虫，其数量也在与日俱增，它们趁机扩大自己的家庭，以便向庄稼发起进攻。我们也应该防患于未然，及早下手，喷洒农药消灭这些敌人。从前，我国许多地方在立夏这天有称体重的风俗，叫作"立夏称人"。

有些人一过立夏，全身乏力，四肢酸重，食欲减退，这种现象叫"疰夏"。疰夏的人，要注意加强体育锻炼，体质增强了，就不会疰夏。另外，还要注意饮食卫生，少吃生、冷的食物，否则很容易得肠胃病。如果疰夏现象严重，体重明显减轻，应请医生治疗，服用解暑开胃的中成药。

立夏已到，自然界夏天的序幕已经揭开了。

以雷鸣夏

“以鸟鸣春，以雷鸣夏，以虫鸣秋，以风鸣冬”，这四句古语，象征性地道出了大自然四季之交的特征。

雷声是大自然的夏之歌。

夏天，常有电闪、雷鸣、乌云、大雨相互交错，一起来临。

我国的民间故事中，常常把电闪雷鸣，说成是“雷公”和“电母”在云端敲鼓晃镜子。在古希腊，人们以为这是雷神宙斯坐着四轮车轰隆轰隆地从天上驶过。这些形形色色的民间传说、神话故事，反映了当时社会生产力很低，人们对大自然的威力束手无策。当然，现在谁也不会相信这一套啦。

雷，其实就是带正电的云和带负电的云碰在一起因发生放电而发出巨大声音的现象。因为云带的电荷很多，电位差常常高达几亿到几十亿伏特，所以常常产生巨大的火花和震耳欲聋的声响，这就构成了闪电和雷声。

“一痕急逗狂雷信，万焰纷随暴雨挝。”这里的“一痕急逗”和“万焰纷随”，恰如其分地画出了闪电的镜头。然而，严格地说，这也和人们的错觉有关。其实，闪电常常是由千百个个别的放电所组成的。每次个别放电的时间，或千分之几秒，或百分之几秒，可是，当反映到人们的视觉中枢并形成条件反射时，却往往要经过十六分之一秒以上。这样，本来是一个个不连续的“一痕急逗”的个别放电，在人们的眼帘里竟成了“万焰纷随”的画面。

闪电的颜色有白的，也有浅蓝色或浅红色的。闪电和雷鸣是同时产生的。可是，由于它们传播的速度不相同：闪电是以光速——每秒 30 万千米的速度向前飞奔，而雷鸣是以声速——每秒 340 米向前传播，自然，我们总是先看到闪电，然后听到雷鸣。这正如乌龟和麝鹿虽然是从同一条起跑线上同时起跑，可是麝鹿总是要比乌龟早些跑到终点。通过测定闪电和雷声之间的先后相隔时间，可以计算出闪电和我们的距离。例如，如果在看到闪电后的 5 秒钟听到雷声，那么，闪电是在离我们 2 千米以内的空中发出的。

雷电，是大气层中空气剧烈骚动的结果。夏天多雷雨，是由于夏天太阳热辣辣地照着大地，晒热了大地表面的空气，于是热空气上升，冷空气下降，整个大气层中到处是气波在上上下下，动荡不定。气流中所夹杂着的水珠，被剧烈地骚动而带上电，形成了带电的云——雷云。两块带着不同电荷的雷云相遇，便发生放电，电光闪闪，雷声隆隆。正因为这样，不少戏剧、小说，如《雷雨》《大雷雨》《春雷》等，都用“雷”来象征动荡不安的时代，象征革命的暴风雨即将来临。

夏天的傍晚，当一阵急骤的雷雨停歇之后，你漫步在街头或野外，常常感到空气格外新鲜。这有两个原因：一方面是因为倾盆大雨，给空气洗了个“淋水澡”，把空气中的那些流浪汉——灰尘，大部分都冲掉了；另一方面是因为闪电时发生了一场化学变化——空气中的氧气变成了臭氧。

臭氧也是氧，它是氧气的亲姐妹。1个氧气分子只含2个氧原子，而1个臭氧分子呢，却含有3个氧原子。

当你走进发电机飞速转动的电机房里，常常会闻到一股刺鼻的味儿。这就是大量臭氧的分子混合在空气中，跑到你的鼻子里去“旅行”啦。这些臭氧从哪里冒出来的呢？原来，它们来自电动机。因为在电动机里，电压很高，电刷老是冒火花。所以使周围的氧气受到激发，就变成臭氧了。雷雨后的臭氧，也是这样产生的：由于雷云一放电而产生巨大的电火花，把氧气激发变成了臭氧。

浓的臭氧是淡蓝色的，有臭味，并且具有很强的氧化能力。而稀薄的臭氧不仅不臭，反而给人以清新的感觉。雷雨后，空气中便游离着少量的臭氧，起着净化空气和杀菌作用。松树林里，有很多有机树脂，它们很容易被氧化而放出臭氧来。因而，一些疗养院就常常设在松林里。在工业上，臭氧被用来作杀菌剂和漂白剂。

雷雨时，还发生了另一场化学变化，空气中氮气和氧气化合，变成了二氧化氮。二氧化氮再溶到雨滴里，便成了“镪水”——硝酸。

浓硝酸是匹“烈马”，腐蚀性极强。不过，雨滴中的硝酸却是很稀的，渗入土壤后，马上和别的东西化合成硝石。

硝石，是头等的氮肥。大自然中，一次闪电的电火花足足有十几千米长，而且它还往往以每秒1000米的速度向两侧伸展。因此，雷雨产生的硝石，估计每年有几十亿吨！人们总是想尽一切办法去认识自然，以改造和征服自然。现在，不少科学家正在设法征服雷雨：要它老老实实地给人们制造肥料。

你瞧：一场“吐火施鞭”的雷雨，不仅给人们送来了清新的空气、习习的凉风、晶莹的雨水，而且还送来了如珍似宝的氮肥哩！

胜似闲庭信步

在夏天，人们喜欢游泳，这正像人们在春天喜欢春游，秋天喜欢登高，冬天喜欢溜冰一样。

人们常常以为，游泳作为一项体育运动是从欧洲传入中国的。其实，我们中国很早就有游泳运动。我国民间的“狗爬式”、“水上漂”（仰泳）、“扎猛子”（潜泳），已经有两千多年的历史。在唐高祖时，我国便有了跳水运动，当时称之为“水秋千”。《水浒传》里的“浪里白条”张顺，便是个游泳能手。现在，每年夏天，我国都有上亿人参加游泳运动。

我们都知道，站在楼上的人，如果没有地板把他托住，就会扑通摔下来。但是，为什么人在水中却可以那么自如地时而上、时而下、时而左、时而右呢？

这是一个很有趣的问题。《三字经》里，便载有两千多年前“昔仲尼，师项橐”的故事：据说，有一个叫项橐的小孩子，在路上遇见孔子，便拦车相问道：“鹅和鸭为什么能浮在水上？”孔子说：“因为它们有登水掌、逼水毛。”这小孩又问：“船没有登水掌、逼水毛，为什么也能浮在水上呢？”孔子答不上来。这小孩子还问了许多问题，弄得孔子无言以对，最后急忙下车，拜这小孩子为师。

的确，那时候，关于浮力的问题，还是科学上的一个“悬案”，孔子当然回答不上！第一个揭开浮力之谜的，是著名的古希腊学者阿基米德。据说，阿基米德曾日夜苦思着木头为什么会浮在水面这一难题，然而百思而未得一解。一天，阿基米德去洗澡，当他一躺入浴盆，水不断溢出，而同时他忽然感到身体轻了许多，阿基米德恍然大悟，终于发现了浮力的秘密，提出了著名的阿基米德定律：一个物体在水里所受到的浮力，等于这个物体所排开的水的重量。

当一个物体的重量比所受的浮力小时，则浮；当一个物体的重量比所受的浮力大时，则沉。木头能够浮在水面，是由于它的比重比水小，浮力大于它本身的重量；铁块在水里会下沉，是由于它的比重比水大，浮力小于它本身的重量。那么轮船是钢铁做的，为什么也能浮在水面上呢？那是因为轮船的中间都是空的，像个鸡蛋壳一样，虽然钢铁的比重比水大，但是整只轮船的比重却比水小。这好像球胎的比重虽然比空气大，但是氢气球依然能冉冉地升向高空一样。

人体的比重等于多少呢？《红楼梦》里贾宝玉曾开玩笑说："女人是用水做的。"其实，所有的人差不多都是用水"做"的——水占人体体重约70％！正因为这样，人体的比重和水差不多：人在吸气时，比重为0.96—0.99；在呼气时，比重为1.1—1.15。因此，人能在水中浮沉自如。

游泳运动员，常常特意在肺部吸入比一般人多的空气，而且尽量缩短吸气时间，拉长呼气时间，使空气在肺部多待一会儿，减少人体的比重，游起来更轻快、迅速。

游泳，是一项非常好的体育运动。

夏天，天气炎热。然而，水的温度一般只有 22—24 ℃，比我们的体温要低。这样，游泳时，水便大量地吸收人体的热量，使人体内的新陈代谢能正常进行。

游泳，是一项全身运动。可不是吗？一游起来，手足并用，头部也要不断转动。这样，可以使我们全身的肌肉都得到锻炼。

人在水中，自然会感到特别轻，这是因为水的浮力，使人体免去了在陆地上所承受体重的压力。显然，人在水中并不容易疲劳。但是，由于胸部受到水的压力，呼吸肯定比在陆地上感到吃力。然而，这正是锻炼身体的好机会，久而久之，会增加我们胸肌的力量，扩大肺活量。

不过，游泳应该特别注意安全和卫生：还不会游泳的，切莫到深水中游；游泳的时间不宜过长，免得因体力消耗过大而失误；应该选择游泳池，不要在污水塘或臭水沟中游泳；下水之前，要做好准备运动，而游毕之后，应该用清水洗个澡，用眼药水消毒一下眼睛，用棉花擦干耳朵里的水。

大自然在向你召唤，海、江、河、湖在向你召唤，在这炎热的夏天，在劳动之余，游泳去！

汗流浃背话汗水

一些文学作品，一谈到夏天，常常用这样一些字眼来形容：“大汗淋漓”“挥汗如雨”“汗水湿透了衣裳”“脸上挂满珍珠般的汗滴”“黄豆般的汗珠不住地滚下来”……一句话：在夏天，人常常要流汗。

人为什么要流汗呢？这是人体对环境的一种适应。人和乌龟、蛇不同：

乌龟和蛇是属于“冷血动物”，它们没有恒定的体温，其体温随着外界温度的改变而改变。人却完全不同，不论是夏天还是冬天，体温都是保持在37 ℃左右。

在冬天，千里冰封，万里雪飘，为了御寒，人们穿上了厚厚的棉衣来维持体温；在夏天，赤日炎炎，周围的温度有时甚至比人的体温还高。怎么办呢？人们就用排汗的方法，通过水分蒸发来降低温度，使体温恒定在正常的水平。要知道，一个人的全身有200万个汗腺呢！

汗液的主要成分是水。水，是人所一刻也不能缺少的。据统计，一个活了80岁的人，一生中喝进70—75吨水，吃进2.5—3吨蛋白质、13—17吨糖、1吨脂肪。可见人一辈子喝得最多的便是水，而人体中最多的也是水。据统计，水在成年人身体中约占体重的67%，在婴儿身体中约占体重的74%，在胎儿身体中则高达97%。

水在人的肌体中有许多重要的作用：帮助血液循环，帮助消化，使关节和肌肉滑润，还有通过出汗来调节体温。

平均起来，一个人每天大约喝进水的量：茶水和菜汤约1300毫升，食物中含水约850毫升，还有350毫升是食物在体内“燃烧”——氧化时生成的水分。自然，一个人每天“收入”2500毫升的水，而“支出”的水分也是2500毫升。这2500毫升的水，在冬天大部分是通过小便排出；而在夏天则有一大部分是通过汗腺排出。

汗中除了绝大部分是水外，还含有食盐。谁都知道，汗是咸的，这便是由于含有食盐的缘故。夏天穿黑衣服，流汗后衣服上常常出现“白霜”，这“白霜”就是食盐。

自然，汗流得多，人体内食盐就消耗得多，因此，人需要吃盐来补充。一般来说，一个健康的人每天从食物中摄取6克的食盐就够了。长跑运动员、在烈日下耕作的农民、战斗在高炉边的工人或远涉群山的地质勘探员流的汗很多，有时每天甚至出汗可达10—15升，而每升汗中含有3克食盐。这样，就必须大量补充食盐——不仅要吃咸一点儿的菜，而且要喝些盐开水。炉边工作的人，有时还要喝一些盐汽水。

夏天，由于周围的气温高，特别是进行运动或劳动，出汗是很必要的，是件好事。相反，不出汗，汗出得很少，或者汗出得过多，都是坏事。因为不出汗，或者汗出得太少，体内的热量不能及时扩散，体温便急剧升高，以致造成中暑；而汗出得太多，体内的水分和盐分损失过大，会导致体内严重失水，也会造成中暑。

为了防止中暑，一方面在夏天应该注意常洗澡，俗话说："皮肤千万孔，孔孔要流通。"洗澡可以使汗腺畅通，以利于排汗；另一方面，要进行适当的运动或劳动，使过多热量随汗扩散到体外，以维持正常的体温。在进行体力劳动和体育锻炼的过程中，要注意劳逸结合，多喝些开水（包括清凉饮料），吃些水果，增加身体水分的"收入"。如果汗出得很多，也应适当地补充一些盐分。当然，食盐并不是吃得越多越好。长时间吃过多的食盐，会超过肾脏的排泄盐的能力，多余的盐就不能由汗、尿中排出。从而血液里的盐量逐渐增多，血液里的蛋白质就会被稀释，全身就会浮肿起来，甚至造成死亡。

夏天，人会出汗，庄稼也会"出汗"哩！当火热的太阳直射叶子时，叶面的温度很快就升高，这种情况会使叶绿素遭到破坏，叶子就枯萎了。但是，植株本身是有调节能力的，为了保护叶子，庄稼便不断"出汗"——叶面大量蒸发水分来降低温度。据测定，一棵大树在夏天，一天之内便能蒸发掉 6 桶水；一株向日葵在整个夏天要消耗掉 250 千克左右的水；而一亩地里的庄稼在整个夏天所蒸发的水量，如果全部让它留在这亩地上，那么水的高度可以淹没成年人的膝盖！这样，在夏天就要特别注意灌溉，才能使庄稼"喝"足水分。给庄稼浇水，最好是在清晨，那时土壤温度比较低，水分容易被庄稼吸收，不会因为土壤温度高而白白蒸发掉。不论是人出汗，还是庄稼"出汗"，都是对环境的一种适应。一旦炎夏过去，他们的出汗量也就急剧下降了。

扇扇有凉风

“扇扇有凉风，日日在手中，年年五六月，夜夜打蚊虫。”这是一首在人们的扇子上常常可以见得到的打油诗。的确，在没有空调、没有电风扇的古代，到了炎夏，人人手不离扇。

最早的扇子，是用鸟类羽毛编成的“羽扇”。我国殷商时期，便有“雉尾扇”。《晋书》里有顾荣攻陈敏，“荣麾以羽扇，其众溃散”的记载。苏东坡的名作《赤壁怀古》中，也写道：“遥想公瑾当年，小乔初嫁了，雄姿英发。羽扇纶巾，谈笑间，樯橹灰飞烟灭。”可见三国两晋时，羽扇已相当普遍。至于诸葛亮的羽扇，更是人所皆知。在京剧中，羽扇成了诸葛亮扮演者必不可缺的道具。

在古埃及，也很早就有了羽扇。不过，他们的羽扇都相当大，而且只有法老才能使用。在那里，替法老掌扇被认为是最高的荣誉。现在的开罗博物馆里，还保存着两把巨大的古埃及羽扇：扇面是用黑白相间的鸵鸟毛做的，两个扇柄是用黄金做的，真是又大又重又笨拙！发明造纸以后，才开始出现纸扇。我国的纸扇有悠久的历史，式样也最多。

在我国古代，书画家很喜欢在扇面上写字画画，把扇子装饰得漂漂亮亮的。据传说，三国时杨修有一次曾给魏太祖画扇，不小心把一滴墨溅在扇上，杨修并不着急，却别出心裁把这点墨迹画成一只苍蝇。著名的书法家王羲之，据说也常给老媪在扇上题字。到了宋朝，在扇上题字作画更为盛行，像赵佶的《枇杷山鸟图》、马远的《竹涧焚香图》、梁楷的《秋柳双鸦图》、林椿的《果熟来禽图》等，技法精湛，都是人们推崇的杰作。这样，就使扇不光是一种消暑的工具，而且成了一种艺术作品。

随着造纸技术的进步，不久便出现了折扇。说来也怪，折扇起初只有奴仆才用它：由于它藏起来方便。到了后来，却成为士大夫（注：在封建时代泛指官僚阶层，有时也包括还没有做官的读书人）们普遍使用的东西。现在的戏剧里，那些“秀才”一出场，手里总是拿着一把折扇，时展时合，且吟且行。

在古代，普通百姓很少买得起昂贵的纸扇，一般是使用芦苇编的草扇、麦秆编的麦秆扇、蒲叶编的蒲扇。但是，由于他们整天忙于劳动，“汗滴禾下土”，就连这样的扇也没空使用。正如《水浒传》中描写的：“农夫心内如汤煮，公子王孙把扇摇。”农夫与公子王孙形成鲜明的对照。

如今，人人皆有扇。工作之余，人们一边摇着手中的扇，一边聊天乘凉。

在南方，最普遍的纸扇，要算油纸扇了。人们喜欢油纸扇不是没有道理的：因为它一则轻便，二则耐用。油纸扇是以竹为骨架，糊上纸，再涂上桐油或柿漆而制成的。小小的一把扇子，制造起来却不简单，需要经过制扇骨、糊面、打襉、制成白坯、砂磨、复漆、阴干等多道工序。纸扇的扇骨一般有 25—40 根，精细的甚至达 80 根；分得越细，扇子越轻，扇起来风也就越大。纸扇的纸，常是用桑皮纸或桃花纸。

现在市面上常卖一种黑纸扇，它是由纸扇上涂了黑色的柿漆做成。有人不喜欢这种扇，因为它有股臭味，其实，在内行人的眼里，黑纸扇越臭越好哩！这是因为黑纸扇的臭味，是来自柿漆；扇子越臭，说明柿漆越多，扇子就越耐用，况且，柿漆的臭味也只不过几天而已，很快就会消失的。如果用得小心，一把黑纸扇足足可以用三年五载。

人们常说：“扇生凉风。”然而，从物理学的观点来看，这句话该打个大“×”。因为扇子并不会生什么凉风。

你可以做这样一个试验：把一支温度计放在电风扇旁，过一会儿看看，温度一点也没下降！

那么，为什么扇扇子会使人有清凉之感呢？

你再来做这样一个试验：在温度计的水银球上沾点水，把它放到电风扇旁，温度马上显著下降。

这是为什么呢？这是因为温度计上沾了水，水分在电风扇的作用下很快地蒸发，带走了热量，温度就下降了。

同样的道理，夏天气温很高，人体为了使体温保持在 37 ℃左右，就要设法散发一部分热量——出汗。当你用扇子扇风时，加速了汗的蒸发，带走热量，身体就感到凉快多了。有的人不懂得这个道理，还以为真的是“扇生凉风”呢。

亲爱的读者，当你读完这篇短文之后，一定会更进一步地了解你手中扇子的底细——哟，原来这老朋友竟有这么多的秘密！

夏天里的“冬天”

夏天，太阳像一个巨大的火球，热辣辣地烤着大地。然而，人们却可以吃棒冰、冰淇淋来解暑；可以把食物放进冰箱来防止变馊；电影院里开放冷气，甚至还有人造溜冰场！这里说的冰、冷气，人们称它们是夏天里的“冬天”。

这夏天里的“冬天”，是怎样得来的呢？在 3000 多年以前，人们是用最原始的方法在夏天获得冰：人们在冬天收集了大量的天然冰，放在地窖里贮藏起来，一直保存到夏天。在周朝，便设有名叫“凌人”的官来专门管这事儿，以备夏天拿出这些冰，供给宫廷降低室内温度之用。《诗经》的《豳风·七月》便记载着：“二之日凿冰冲冲，三之日纳于凌阴。”这就是说凿冰、藏冰的事儿。到了三国的时候，藏冰更盛。曹操的儿子曹植在《大暑赋》里写道：“积素冰于幽馆，气飞结而为霜。”这“幽馆”就是指地下冰窖。而到了唐朝，藏冰不光是用于宫廷，在市场上也有专门卖冰的商人。人们好奇地第一次在夏天尝着冰块的味道。

《唐摭言》里说："昔蒯人为商而卖冰于市。"后来，商人们更进一步在冰中加些糖，招揽于市，吸引顾客。《续夷坚志》中记载道："临洮城外洮水，冬月结小冰子如芡实……盛夏以蜜浆调之，如真珠粉然。"

现在，人们已经用冷气机来人工制造出夏天里的"冬天"。不论是棒冰、雪糕还是冷气，都是在冷气机中诞生的。

在咔嗒嗒歌唱着的冷气机里，主角是化学制冷剂——氨（俗称阿摩尼亚），氟代烷（俗称氟利昂，不过如今为了保护环境，已经禁止使用氟利昂作为化学制冷剂）等。你参观过冰棒厂吗？在那里，偶尔你会闻到一股刺鼻的臭味，那便是大名鼎鼎的臭气——氨，从冷气机不严密的缝隙里漏出来的。

冷气机是怎样制冷的呢？你一定有这样的经验：如果你刚刚比完一场激烈紧张的篮球赛，满头大汗地跑到电风扇前，顿时感到凉风习习，凉快极了。

其实，电风扇的本身并不"凉"，因为它吹来的只是和室温一样热的风。它之所以凉，是因为你身上有汗，这股风迅速地使汗水蒸发，而汗水蒸发时带走了热量，你才会感到凉意。夏天里的"冬天"就是根据这个原理制造出来的。

冷气机分为四个部分：压缩机、液化管、贮液器和冷冻管。

化学制冷剂通常是一些易挥发、但稍一受压又易凝成液体的物质。在压缩机里，它们受到压缩，经过液化管，很快变成了液体，并被送到贮液器里贮藏起来。然后，流到冷冻管里。由于冷冻管里的压力很低，液体便迅速挥发成气体：像汗水蒸发时一样，大量吸收热量。冷冻管外面是一些盐水，化学制冷剂便从盐水里夺走热量，使盐水的温度下降至零下三十多摄氏度。这时，如果在这盐水池里，插进一个个装着糖水的铁盒子，糖水很快就结成冰，一拿出来，便是棒冰啦。如果用鼓风机使空气流经盐水池，盐水从空气那里夺走热量，于是，空气的温度也下降了，一出来便是“冷气”。

在冷气机里，化学制冷剂是循环使用的——它从冷冻管里出来后，又被送进压缩机里去压缩，使得冷气机能持续地工作下去。

冰和冷气，为人们赶走了炎热。随着科学技术的进步，人们制成了一批更先进的、轻巧的冷气机或制冷箱。许多房子、汽车、轮船、飞机上，都安装上冷气机，驱走夏天的炎热，使人们生活在舒适的环境中。

传播病菌的“飞机”

一提起苍蝇，人人都讨厌，人们都痛恨。

哪儿最臭，哪儿最脏，哪儿就有苍蝇：粪坑是苍蝇的“故乡”——它便是在那儿诞生的；垃圾堆是苍蝇的“旅馆”——它整天都在那里瞎逛。

我们平常在房间里看见的苍蝇，十有八九是家蝇。家蝇，是最常见的种类。另外，平常还会看到一种穿着金色的“外衣”、闪闪发光的苍蝇，那是丽蝇。

苍蝇最令人讨厌、最令人恶心之处，就在于它是传播病原菌的媒介！苍蝇像一架飞机似的，免费地把“小乘客”——病菌，运往四面八方。

苍蝇传播病菌，主要靠两个东西：脚和口吻。

先说脚。你知道吗？苍蝇为什么能够悠然自得地直立在窗玻璃上“散步”？原来，它的脚长有爪和肉垫，并且能够分泌出黏液，使苍蝇紧贴在光溜溜的玻璃上。这爪和肉垫，再加上黏液，正是病菌的“座舱”。苍蝇一会儿在大粪上歇脚，一会儿在阴沟里散步，一会儿又在你的饭菜上做客，它脚上的病菌也就趁机落进你的饭菜。

再看看苍蝇的口吻。它长而且能伸缩自如，是取食的器官。苍蝇喜欢舐吸流体或半流体的食物。苍蝇的“胃口”虽然很小，一调羹粥就足够苍蝇吃一辈子。可是苍蝇并不是找到一点食物就心满意足、专心致志地在那儿吃，而是偏要到处飞，这儿尝尝，那儿舐舐！苍蝇常常把吃进的东西先贮存在嗉囊里，然后再慢慢送到胃里去消化。但是，苍蝇吃东西时，却总是把嗉囊里的液体反吐出来成为吐滴，滴到食物上。科学家们用显微镜仔细地观察了苍蝇吐出来的吐滴，发现它含有盈千累万个病菌。这些病菌，正是万恶之源！

苍蝇常常在你吃饭的时候“不请自来”，有时更是挥之不去，真是个地道的赖皮鬼。韩愈在《送穷文》里便说：“蝇营狗苟，驱去复还。”克雷洛夫的寓言里，也深刻地讽刺了苍蝇。苍蝇说：“即使人们把我赶走，没关系，很快我又会从窗口飞进来的。”

人们十分痛恨苍蝇。《诗经》的《小雅·青蝇》里，便把苍蝇比作爱进谗言的“小人”。在唐朝，陈子昂更写下了这样的诗句：“青蝇一相点，白璧遂成冤。”意思是说，白玉被苍蝇点了一下，也就失去了纯洁。

在古代，人们还不知道苍蝇是传播疾病的坏蛋时，已是那么憎恨它。现在，人们完全地认识了苍蝇的危害性，对它更是恨得咬牙切齿。

恨苍蝇，就要动手消灭苍蝇。而要消灭这个害虫，就得摸透它的脾气，懂得它的生活习性。

苍蝇是卵生的。雌蝇喜欢把卵产在粪池、粪堆及垃圾堆或臭水沟里，每次产卵100粒左右，每隔三四天产卵一次，一生中产卵四五次。这些卵，在24小时内便孵成幼虫。

如果气温在25—35℃，则经过8小时即可孵化！

苍蝇的幼虫——蛆，白胖胖的，行动笨拙，常常云聚在粪池、粪堆、垃圾堆之中。据美国一个学者估计：“马粪堆如果任家蝇飞集，在四天之后，平均每磅马粪中有685条蛆！”

从蛆羽化而成苍蝇，最短只需 9 天半，稍长为 15 天左右。这样，一只苍蝇在一年之内，便可以传六七代，甚至 10 代。苍蝇以几何级数迅速地繁殖着：如果有一对家蝇，在 4 月里开始产卵，每次产卵 120—150 粒，一年之内算它传了四代，那么，它们子孙的数量简直就是天文数字！繁殖迅速是苍蝇的最大特点。

虽然苍蝇繁殖那么快，但是其中消灭一环——卵、蛆、蛹或成虫，苍蝇的“连锁反应”就不能进行下去。因此，从苍蝇的生活史和生活习性来看，消灭它的最好办法是消灭它的幼虫。因为其幼虫集中，活动能力差，对农药反应敏感。只要在幼虫的栖息地喷上农药，就能大量地毒杀它们。

在我国古代，人们便想出在粪坑里放些石灰来杀死苍蝇幼虫的办法。这是一个既简便又有效的好方法。另外，粪坑上加盖，经常掏粪，撒些化学药剂消毒，经常疏通水沟，清理垃圾，铲除杂草，保持环境清洁卫生，治理苍蝇的滋生地，也是消灭苍蝇的好方法。

其次，消灭成蝇也是个积极的办法。我们应该见蝇就打。打苍蝇最好是用苍蝇拍。苍蝇拍最好做得薄一些，轻巧些，要多打一些孔，最好是用铁纱布来做。

另外，也可以配合使用捕蝇纸、捕蝇牢等灭蝇武器，同时“开火”。

让我们见蝇就打，见蛹就挖，见蛆就除，见卵就灭，彻底消灭苍蝇，消灭传播疾病的媒介，保证我们有健康的身体。

长翅膀的“小刺客”

在古代，罗马曾称霸于欧洲，南征北战，东伐西讨，威名远扬。然而，当罗马远征了阿拉伯，俘虏了许多当地的土人回来以后，死神的阴影却笼罩了罗马的军队——成批成批的士兵，因为害了恶性疟疾而死亡。这时，罗马帝国也就军威大衰了。

这是蚊子在捣蛋！是蚊子在到处传播恶性疟疾。

蚊子，人类的死敌。

世界上的蚊子有2000多种，我国有140多种。其中能传染疾病的有三个属，而有些种类是疟疾、丝虫病和流行性乙型脑炎等病的传播媒介。

蚊子会叮人，这是人人皆知的。《庄子·天运》里便说："蚊虻噆肤，则通昔不寐矣。"然而，严格地讲，雄蚊绝不会刺人吸血，它只是"吃素"的——吮吸花蜜、花汁。因此，夏天的花间草丛之中常常蚊子如云；而叮人吸血的蚊子，都是雌蚊！

雌蚊的口器为刺吸式，如果你用放大镜来瞧一瞧，就可以看见下唇为外鞘的长喙内包着六根锐利的口针，这就是蚊子——这个长翅膀的"小刺客"行刺用的利剑。由于这些剑细得连肉眼都看不清楚，自然，被蚊子刺了以后的伤口也就看不出来。雌蚊在吸血之前，总是先从唾腺里吐出一种液体，注入伤口。这种液体有着使血液不会凝固的作用，便于它吮吸人血，同时这种液体对人体又有毒性作用，因此被蚊子叮了以后，伤口便会很痒，不久就肿了起来。蚊子的唾液里，常常含有许多病原菌，这个坏蛋不光吸走了人的血，还在人体中撒下了病魔。至于雄蚊的口，它只有几根很小的针，没法刺入人的皮肤。因此，雄蚊不叮人，并不是它大发慈悲，而是“非不为也，是不能也”。

人们比较熟悉的可能是疟蚊，疟蚊比起普通蚊来，个儿要大得多，翅膀上有褐色的花纹。我国宋代的《东坡志林》中说：“湖中多蚊，有豹脚者尤毒。”《尔雅翼》一书也说：“足有文彩，白黑相间，惨于常蚊。”这里所说的有“豹脚”“文彩”的蚊子，便是指疟蚊。疟蚊一旦停在人身上，马上斜着身子就刺，比普通蚊要厉害得多。特别是它会传染疾病，更是可恶。

《红楼梦》里，呆霸王薛蟠曾诗云：“一个蚊子哼哼哼。”蚊子之所以能“哼哼哼”，是由于它在飞翔时，翅膀急速振动，胸部也跟着激烈起伏，作急促呼吸，使气门口的活瓣迅速振动，这便发出了“哼哼哼”之声。也正因为这样，一旦有蚊子飞动，你便会听见。如果蚊子停歇着，就不会有“哼哼哼”之声了。

蚊子如此可恶，人人有责来动手消灭这一坏蛋。

消灭蚊子最有效的办法，是消灭蚊子的“婴儿”——孑孓，把它扼杀于摇篮之中！蚊子是卵生的，一只雌蚊一次可以产卵 50—300 粒。稻田、小河沟、多水草的池塘，都是蚊子产卵的好地方。卵在产后经过半个月，便孵化成孑孓。孑孓的头部很大，腹部细小，看起来又驼背又丑陋。蚊子是长翅膀的，小巧而灵活，而孑孓行动又迟缓又笨拙。人们正是从消灭孑孓着手来根绝蚊子。消灭孑孓的办法很多，如清除积水，消除水边杂草，在稻田里养鱼吃孑孓等。另外，在一些小水塘里，还可以倒一点煤油，薄薄的煤油层把水面和空气隔绝，而且煤油能够堵塞孑孓的呼吸管，令孑孓窒息。

对于蚊子，也可以采用药物来熏杀。早在战国的时候，我国就已经知道把野草拔来晒个半干，在傍晚时烧烟堆来熏蚊子。后来，便发明了在纸卷里装进锯末、苍术和白芷等制成蚊药或者用除虫药制成蚊香来熏杀蚊子。至今，人们也还常常在临睡之前，点上蚊药或者蚊香来驱蚊。随着科学技术的进步，人们发明了各种化学药剂，用这些东西来喷射，对于蚊子的杀死率高达100%！

熏杀蚊子最好是在傍晚，因为傍晚正是蚊子从野外纷纷飞进屋子里的时候。我国有句古语说："蝇成市于朝，蚊成市于暮。"傍晚，正当成群的雌蚊哼哼飞舞，组成"蚊阵"向人们进攻时，我们要人人动手，点蚊香、撒蚊药，使蚊子"无家可归"。

但是，有攻还得有守才行。我国很早便发明了蚊帐。

宋朝时蚊帐已十分流行，当时称蚊帐为蚊厨。陆游便曾写过"黄葛蚊厨睡欲成"的诗句。挂起蚊帐之后，你可以安然就寝，蚊子在蚊帐外便无计可施了。

另外，用"以虫制虫"的办法来消灭蚊子也很有效。我们要注意保护大自然中蚊子的那些天敌——喜欢吃蚊子的动物，例如蜻蜓、燕子、青蛙、蝙蝠等，让它们成为人类与蚊子作斗争的"同盟军"，一起向蚊子开火！

肉眼看不见的敌人

19世纪初，法国拿破仑曾经不可一世，威风凛凛大举侵略别国。但是，当他进行大规模的征战时，常常大伤脑筋：由于他进行的是侵略战争，占领区人民实行坚壁清野，使法军的食物供应大成问题。拿破仑的后勤部队费尽九牛二虎之力从法国本土运去一车车的菜蔬、粮食，由于正当夏天，食物到了前线，全都没法吃了——臭啦！

的确，在夏天，饭容易馊，菜容易坏，鱼肉容易臭，油脂容易产生哈喇味。

食物为什么会馊坏变质呢？原来这是微生物，主要是酸败细菌捣蛋的结果。

我们的周围，到处都是微生物的世界：从海底五千米深的泥土，到离地面六七千米的高空，到处都有微生物的踪迹。越潮湿、越肮脏的地方，微生物就越多。据测定，一毫升井水中有几百个细菌，而一毫升的沟水中便有几千万个。土壤是微生物来来往往最热闹的“旅馆”，每克肥沃的土壤中，通常有两亿个微生物。

空气中有许多灰尘，这些灰尘就像一架架直升机，运载着“小乘客”——微生物到处乱逛。据测定，一个清洁而很少有人走动的房间里，灰尘少，每立方米的空气中有200—400个微生物；然而，同样一个房间，当尘土飞扬时，微生物数目会急剧增加到30万个。这样，当灰尘一落到饭菜上，事情可就坏了，那些酸败细菌便大量繁殖，大肆破坏，使饭菜变质。

夏天，天气那么热，饭菜中水分多，营养物质丰富，正是酸败细菌求之不得的好地方。它们在那里以惊人的速度“生儿育女”“繁殖子孙”。夏天，一个酸败细菌一昼夜可以变成2亿个！

细菌们纷纷向食物“进攻”，再加上气温高，加速了酶的催化作用，使食物中的淀粉、蛋白质和脂肪等迅速地分解、变质，产生大量的乳酸、醋酸和各种有害物质（如有机胺类、硫化氢、吲哚等），使食物发黏，并发出臭味——坏啦。

肉眼看不见的敌人——酸败细菌，是夏天的一个大患。要是饭菜已经馊了，那就别再吃了。有些人以为把馊饭、馊菜重新煮一下再吃没关系。然而，吃了以后，仍然会引起呕吐、腹泻等肠胃病。这是为什么呢？俗话说：“豹死留皮。”把馊饭、馊菜再煮一下，虽然细菌被杀死了，但是细菌所分泌的毒素以及食物分解后的有毒产物仍然存在，人们吃了以后，仍旧会中毒。

这样看来，要使食物不至于变质、变坏，就应该打主动战：用种种办法，来防止细菌滋生，保护食物。

干燥、冷藏、盐腌、糖渍，都是夏天保护食物的好办法。

人们常说："水是生命的摇篮。"没有水，就没有生命。把鱼、菜都晒干了，赶走水分，使酸败细菌无立足之地，自然就不会坏了。

冷藏，也是夏天常用的保护食物的办法。可不是吗，有时，你在市场上会买到硬的鱼——满身是冰，那便是刚刚从冷藏库里运出来的。不过，应该指出：冷冻并不能彻底地杀死细菌，只不过是抑制细菌的繁殖。人们曾经做过这样的实验：在一桶冰淇淋里，特地放进许多伤寒菌，并测定了伤寒菌的个数（每毫升有大约 5000 万个）；5 天后测定，每毫升还有 1000 多万个活的伤寒菌；20 天后，有 200 多万个；2 个月后，有 60 来万个；2 年 4 个月后，竟然仍有 6000 多个活的伤寒菌哪！因此，人们才用冷开水来制冰棒；把冰牛奶煮了再喝。冰冻的方法虽美中不足，但是，由于它既能抑制微生物的繁殖，又能降低微生物的数量，所以，在食品行业中被广泛地应用。

至于盐腌、糖渍能够保存食物，那是因为在浓盐水、糖水中，细菌活不了。

即使是有少量细菌随遇而安地活下来，也不能繁殖。咸菜、咸鱼、咸肉，只不过是一具"尸体"罢了——里头不仅很少有细菌，也很少有活的细胞。这样，怪不得人们常爱说这样的歇后语："买咸鱼放生——不知死活。"是呀，咸鱼的细胞全死了，扔到水里怎能复活呢？最后，还顺便告诉你一个小窍门：夏天，如果你晚上煮了粥，打算搁到第二天早上吃，那么最好别揭锅盖。因为刚煮好的粥，里边的细菌已被杀死，如果不揭锅盖，外头的细菌跑不进去；另外，煮粥时锅内的水汽把空气挤出去了，里头氧气少，细菌没法繁殖，所以粥也就不会馊了。

绿槐高处一蝉吟

蝉，是夏天大自然中的歌唱家。在我国，很早便把“蜩始鸣”（蜩为蝉的一种）作为夏天到来的标志。

蝉，常常整天唠唠叨叨地唱个没完。蝉虽小，“歌声”却响彻四野。在我国台湾，有一种蝉身长只有 3 厘米，然而在 500 米之外，依然还能听见它的“歌声”！

蝉总是高踞树梢，怡然自得，矜持清高，“绿槐高处一蝉吟”（苏东坡诗），因而，蝉在寓言和童话里，便常常成了骄傲自大的角色。

蝉虽然“歌声”嘹亮，但是，它并不是用嘴“唱歌”！我国古书《淮南子》里便说：“蝉无口而鸣。”

那么，蝉的“歌声”究竟是从哪儿发出来的呢？原来，它的腹部，藏着一个带有共鸣箱的“乐器”，由于肌肉不断地收缩、放松，一张一弛，使“乐器”里的鼓膜急速振动，发出了洪亮高亢的声音。蝉的“歌声”虽然很单调平淡，并不太悦耳，可是，人们仍很喜欢它。唐朝，长安城里便有人专门捕蝉叫卖，也有人把它关在笼子里，供人们赏玩。在希腊，也有人喜欢蝉，爱听它的“歌声”。

有趣的是，蝉虽然整天“知了知了”地叫，但是它从来没有听见过自己的“歌声”。可不是吗？即使你在树下大嚷大叫，把鸟儿都吓飞了，然而蝉照旧在“歌唱”。

蝉，看上去好像是位挺专心的“歌唱家”，整天只是忙着“唱歌”，奏出大自然的夏天交响曲，因而不少人常常被蝉的“歌声”所蒙蔽。其实，蝉是一个地地道道的坏蛋，是害虫！为什么说蝉是害虫呢？你只要去了解一下蝉是靠吃什么东西长大的，那就明白了。在古代，有人说，蝉是靠喝西北风长大的，这不值一驳；也有人说，蝉是饮露而活——只是喝点露水罢了，生活倒十分“清苦简朴”哩！其实，蝉的的确确是靠饮而活。它的嘴长着一根像注射针那样又直又硬的紫黑色圆管，这管子便是用来吸东西的吸管。然而，蝉吸的并不是露水，而是树汁！它一边得意扬扬地高歌着，一边就用这根吸管插进树皮，吮吸着营养丰富的树汁。

就像一只贪婪的蚊子用吸管吮吸着人们的血液一样。蝉，就是树木的“吸血蚊”！

不光蝉的成虫危害树木，它的幼虫也危害树木。雌蝉常常把卵产在枯枝落叶上，并随着它们落到地上。当幼虫孵化出来，它们就以树汁，甚至树皮、树根、草根为食物。就这样，一条幼虫，往往要经过两三年，有的甚至要 17 年才能变为成虫，被称为“十七年蝉”。

美国，曾闹过蝉灾：盈千累万只蝉，聚集在成片的森林为害。后来，人们不得不从英国运来一批专门吃蝉的鸟，才算把这场蝉灾压下去。也正因为蝉是害虫，在夏天，人们常常循着蝉的鸣声，用缠满蜘蛛丝的网去逮蝉。

我国有个成语：金蝉脱壳。在军事上，这个成语成了兵法的专有名词。金蝉脱壳，就是指蝉的幼虫蜕皮羽化——扔掉了原先的壳，变成蝉远走高飞。金蝉脱壳，文学上用以比喻用计脱逃而使对方不能及时发现。蝉脱下来的外壳，便是著名的中药“蝉蜕”。另外，在炎热的夏天，蝉的幼虫在地下常常会被一种菌所寄生而死掉。死后尸体上长出许多棒状或鹿角状的菌体，在中药上取名叫“蝉花”，其功能与蝉蜕一样，用于治疗小儿惊痫等症。

蝉的种类很多，大小悬殊：世界上最小的蝉比手指头还小，最大的蝉是东南亚的蝉王，翅膀展开时足足有 20 厘米长，像一只小鸟！

蝉在夏天是一位活跃的“歌唱家”，可到了冬天，便一声不响，纷纷死去，正如成语所说“噤若寒蝉”，于是，它一生的“歌唱生涯”结束了。

南瓜和西瓜

南瓜和西瓜，是我们在夏天常吃的两种瓜。

想来也奇怪：人们为什么把它们叫作南瓜和西瓜，却不叫北瓜和东瓜？难道它们也有“籍贯”吗？

正是这样！

南瓜的“故乡”是亚洲的南部、非洲和南美洲一带。

在亚洲南部的印度，南瓜曾经被人们用来捕捉猴子：猎人们深知猴子的脾气——好奇而爱模仿，便把大南瓜掏空，晒干，并在上面开了一个小洞，再往里面放进几撮米，然后把这些大南瓜放进森林。猎人们刚刚走开，猴子便迅速地从树上溜下来，把爪子伸进南瓜洞去抓米。然而，矛盾出现了：抓了米粒，拳头无法拔出来，可松开爪子，虽然能把爪子拔出来，却把米粒丢掉了，猴子又舍不得。正在猴子犹豫不决、进退两难之际，猎人们从隐蔽的地方跑了出来。这时，贪婪的猴子还舍不得那米粒，紧握着拳头，拖着又大又重又笨的南瓜逃跑。不消说，它们就成了猎人们的猎物了。

在非洲，南瓜也有许多有趣的用途：人们常常把南瓜掏空，绑在几根圆木中，做成能像船一样在水上漂泊的“南瓜筏”；旅行者在半路上遇雨时，常常把衣服藏在南瓜里，免得淋湿，有的甚至把南瓜切开戴在头上作为帽子。非洲的人们还用南瓜制成竖琴、水壶、贮油瓶。

南瓜，最初是经东南沿海传入中国的，再加上它的原籍在南方，便得了南瓜之称。

在我国，南瓜的栽培已有1000多年的历史。南瓜的形状各式各样：有像酒瓶一样瘦的，有像脸盆一样胖的，也有像篮球一样圆的；表面有平而光滑的，也有凹凸不平的，看上去犹如在表面粘着许多葡萄。

南瓜有“牛腿南瓜”“十姐妹”“枕头南瓜”“磨盘南瓜”“癞皮南瓜”等许多品种。

南瓜有着一种值得歌颂、赞扬的好风格：它四海为家，不择风土，适应环境的能力非常强。南瓜的根系较发达，深深地扎在土壤之中，据测定，一棵普通的南瓜，主根深入土中达四米！因此它既抗干旱，又耐瘠土。正因为这样，人们在房前屋后、在荒地山坡，到处种植南瓜。所以零星种植的南瓜的总数量，有时甚至远远超过菜园栽培的数量。不过，南瓜喜欢温暖和阳光，最好在朝阳的地方种植。

人们喜欢南瓜：嫩的南瓜可以做菜，老的南瓜可以做饭，南瓜子可以榨油。

南瓜之所以叫作南瓜，是由于它来自南方，那么，西瓜的“原籍”就是在中国的西边啰？

的确不错，西瓜原产于非洲的卡拉哈里沙漠。在那里，举目四望，地面上到处都是绿色的球——野生西瓜。

西瓜为什么有那么多水分？长得那么圆？你知道吗？原来，这是由于西瓜为了适应卡拉哈里沙漠环境，经过长期的变异逐渐形成的。

沙漠是干旱的世界。这种多汁的果实，是大自然特意“招待”沙漠上那些鸟兽的。著名旅行家李文斯曾写道：“那里各种各样的动物都尽情地享受着西瓜。大象和犀牛都在痛饮西瓜的汁液，还有羚羊、狮子、狼、豺和鼠也在大嚼特嚼，它们都知道，这是大自然恩赐给它们的礼物。”当然，西瓜也并不是白白地“请客”的，当这些动物狼吞虎咽般吃着西瓜时，常常把西瓜的种子撒落在地上。这样，西瓜种子不久便在这潮润的土壤里发芽了。另外，西瓜的种子即使被动物吃进肚子里，也不会被消化，因为西瓜的种子有着坚硬的外壳，它在动物的体内“旅行”一番后，随着粪便被排出、发芽、生长。这样，鸟兽们倒成了西瓜的“播种机”。

至于西瓜长得圆溜溜的，那也有它的妙用：在卡拉哈里沙漠，一到雨季，常常风啸雨急，哗啦哗啦的雨水汇成滚滚洪流向低洼的地方奔涌。圆溜溜的西瓜在暴风和倾盆大雨中，像足球一样在地上乱滚，滚到很远很远的地方。这样，也就使西瓜的种子，撒遍沙漠，西瓜的子孙后代便布满四面八方。

西瓜，是在1000多年前的五代后周（951—960）传入中国的——一个在辽国做小官的汉人胡峤把它从“塞外”带到后周来。古书有这样的记载：“胡峤居契丹七年，自上京东去四千里，至真珠寨，始食菜。明日东行，始食西瓜。土人云：契丹破回纥，得此种，以牛粪复棚而种。”自从胡峤把西瓜带回以后，西瓜便在中国广泛地种植起来。

西瓜是消暑的佳品。宋朝诗人范成大曾写过这样的诗句来咏西瓜：“碧蔓凌霜卧软沙，年来处处食西瓜。”

人们还用这样的谜语赞誉西瓜：“身穿绿衣裳，满肚水汪汪，止渴又解暑，人人都爱尝。”

本来，野生的西瓜并不算大，一般只有0.25千克重，汁水也不算多。但是，人们加以细心培育，种西瓜时，挑选那些个大、味甜、汁多西瓜的种子来种。这样，西瓜便一代比一代好。人工栽培的西瓜一般可达10千克。

我国栽培的西瓜不但品种繁多而且瓜质好，至今，已有好几百个西瓜品种。在江南，最有名的西瓜要算浙江平湖的枕头瓜。这种西瓜为长椭圆形，瓜皮墨绿色，有许多深黑色的条纹，瓜瓤是黄色的，吃起来十分甜美。不过，南方的西瓜，无论是果实的大小，还是味道，大多都不如北方的。因为北方大都是黄土地层，夏天炎热少雨，这样的环境更适宜种西瓜，所以，西瓜长得又大又甜。像山东德州的一种喇嘛瓜，也是枕头瓜，普通的每个重8千克，大的甚至有15千克；瓜皮青绿色，有很多网纹，火红色的瓜瓤，果汁很甜，而且像蜜一样有黏性。兰州、武陵、开封等地产的西瓜，比喇嘛瓜更大，普通的都有15千克重，最大的竟达25千克！

西瓜不仅含有大量的水分——约含90%，而且还含有7%的糖、丰富的维生素C以及其他维生素、矿物质、蛋白质，既有营养价值，又兼有解热、解暑、散毒与利尿的功效。在大热天里，它确是人们所最喜欢的佳品。

人们吃了西瓜，往往把瓜皮东抛西扔，这不好。因为瓜皮很滑，乱抛不仅妨碍人走路，而且破坏公共卫生，更可惜的是一种浪费。如果把瓜皮去了皮洗干净，可以用来炒小菜、烹汤；也可以加工制成瓜条、蜜饯、青丝与红丝；还可以熬成味道很好的糖稀哩。西瓜子，那更不用说了，人们把它收集、洗净、晾干后，可加工制成鲜美的瓜子。现在，人们还用化学诱变的方法，孕育出无籽西瓜，虽然无瓜籽，但瓜肉更鲜甜、更可口。

西瓜肉是包在绿“肚皮”里，剖开之前，有什么办法断定它的质量呢？这里，有几个小窍门：看颜色——好瓜表皮光滑而且颜色较深；听声音——轻轻用手指弹它，好瓜声音清脆；看形状——好瓜圆而肥大，底脐凹入较深；另外，还可以把西瓜放进水里，若浮于水面的便是好瓜啦！

南瓜和西瓜都是人类的好朋友：南瓜可以当作饭菜，西瓜可以解渴消暑。

“秘鲁的金苹果”

盛夏，正是西红柿大量上市的时节。一堆堆红艳艳的西红柿，看上去像小山般的红玛瑙。西红柿这鲜艳的色彩，很早就招人喜爱。西红柿原产于秘鲁与墨西哥一带，原是一种野生植物。16 世纪，西班牙人与葡萄牙人把它从美洲运到了欧洲。那时，欧洲人把西红柿当作观赏植物，常常把它栽在花坛上或凉亭四周。

不过，人们这样“尊重”西红柿，倒并不是欣赏它那又黄又小的花朵，而是欣赏它那又红又大的果实。这样，当时的意大利人，便把西红柿称为“秘鲁的金苹果”。

奇怪的是，不知什么缘故，那时候的欧洲人认为西红柿是有毒的，谁也不敢吃它。1811 年出版的英国《植物学大辞典》里，对西红柿用了很怀疑的态度写道：“西红柿虽然被认为是有毒的植物，但在意大利已经同胡椒、大蒜与牛油一起食用了。”

西红柿大约是在明朝崇祯三年（1630）传入中国的。由于来自外国，而且红灿灿的像柿子，所以被称为西红柿或洋柿子，有些地方则称为番茄。西红柿刚传入中国时，人们也不敢吃它，人们对它的描述是“生食之，刺人喉”。直到 20 世纪中叶，西红柿才开始成为我们的主要蔬菜之一。

人们常以为西红柿是一年生的植物。其实，西红柿在热带，可以长成大树，而且年年开花结果，所结的果子像柿子一样挂在树枝上，十分醒目。我国云南、广西一带，便可以看到这样的西红柿。

西红柿之所以红得鲜艳、红得可爱，是由于它含有一种红色的色素——番茄红素。纯净番茄红素是一种亮闪闪、洋红色的晶体，不仅西红柿中有它，野玫瑰及其他许多花朵里，也常含有它。

西红柿具有很高的营养价值，人们把它称为“维生素的仓库”，这话并不过誉。据科学家们测定，西红柿中含有丰富的维生素 A、B、C，其含量可与胡萝卜、柿子、柚子、柠檬相比。西红柿还含有维生素 P，对高血压具有一定的疗效。另外，西红柿中还含有一些有机酸，如苹果酸、柠檬酸等，都是易消化、吸收的，而且具有利尿的作用，肾病患者多吃一些西红柿，是很有好处的。

西红柿漂亮、干净、美味、价廉、营养丰富，而且还可以与多种食材，如冬瓜、鸡蛋、豆腐相搭配，做成很好的小菜。生西红柿，甚至还可算是一种多汁的水果。盛夏，西红柿是人们的好朋友。

冷饮消暑送清凉

汽水，最初是 17 世纪时在德国首先出现的。不过，当时人们制造汽水，并不是用来作饮料，而是用来治病。直到 19 世纪中叶，人们才开始把汽水作为饮料。最初的汽水是淡而无味的，后来，人们才往里面加进糖、糖精、食用香料、食用色素，成了现在的色、香、味俱全的汽水。

汽水是在清朝同治年间（1862—1874）开始从荷兰输入我国的。因此，中华人民共和国成立前，人们常把汽水称为荷兰水。

当汽水刚输入我国时，被视为稀罕而昂贵的珍品，只有几个通商港口的番菜馆里才卖，每打要售银元四枚。这样，只有达官贵人们才买得起。1900 年，英商在我国天津市开办了中国第一家汽水工厂——万国汽水公司，后来上海又出现了老德记、屈臣氏、正广和等洋商汽水公司。洋商们垄断了中国的汽水生产，中国民族资本的汽水工厂一直被压得喘不过气来。抗战胜利后，美国的可口可乐汽水更是倾销中国，独霸了市场。

如今，汽水在中国比比皆是，价格便宜，再也不是稀罕而昂贵的珍品，而是百姓都能够享用的大众化清凉饮料。

人们喝汽水时，一打开瓶塞，便冒出许多白沫。这是怎么回事呢？

原来，这气就是二氧化碳。二氧化碳又叫碳酸气，是大家都十分熟悉的无色、无味气体。二氧化碳，比较容易溶解于水。平常，空气中大约只含有0.3‰的二氧化碳，然而，天然水里所溶有的二氧化碳却比同体积的空气中所含的二氧化碳多60倍。如果增大压力，二氧化碳在水里的浓度就会显著地增加。在汽水工厂里，人们便是在很大的压力之下，强迫二氧化碳大量地溶解在水里。当你一打开塞子，二氧化碳顿时便像出笼的小鸟，拼命挣脱出来。

另外，人们常说："冰镇汽水泡沫多。"冰镇汽水之所以泡沫多，也是和二氧化碳在水中的溶解度大有关系：温度越低，二氧化碳在水中的溶解度越大。冰镇汽水是浸在冰水里的，自然，它的温度比普通汽水低，溶解的二氧化碳也多——泡沫多。

人们喝进汽水以后，肠胃并不吸收二氧化碳，它很快便从口腔排出来，这样就带走了一部分热量，使人有清凉之感。另外，二氧化碳对胃壁还有轻微的刺激作用，能加速胃液的分泌，帮助消化。

为了可口、美观以及更富有营养，人们还在汽水里加进了糖、柠檬酸和一些食用色素。

冰淇淋是夏天最常见的冷冻食品之一。

冰淇淋最主要的原料是牛奶和鸡蛋，它一般含有10%左右的脂肪和10%左右的蛋白质，是一种营养丰富的食品。制造冰淇淋时，很少直接用新鲜的牛奶，而是用从牛奶中提炼得到的乳酪、乳油或炼乳、乳粉。鸡蛋则常用新鲜的，但也有用蛋黄粉的。

除了牛奶和鸡蛋，冰淇淋中还加有糖、明胶和香料。所用的糖，大都是转化糖——蔗糖经酵母或用酸处理，使它分解，部分转化为果糖和葡萄糖。这样可增加甜味，刺激人们的食欲。加入的明胶起固定作用，使冰淇淋不易融化；也有的不用明胶，而用植物胶。至于加入香料，那自然是为了使冰淇淋更加芬芳可口。制造冰淇淋时所用的水，都是煮沸过的冷开水，不会含有病菌。另外，在制造过程中，也严格控制，不使它和铅、铜等金属接触。

冰淇淋清凉解热，但有个缺点：吃时沁齿清心，吃后舌干口渴。这是因为冰淇淋含的脂肪、蛋白蛋、糖类浓度较高，在消化时，常常需要再喝些水，进行冲稀，才能被人体吸收。水在0 ℃就结冰。但是，冰淇淋中由于溶有许多糖、蛋白质，凝固点降低了，所以直到－10 ℃左右才会凝固。因此，制造冰淇淋时，就必须使它处于零下的低温中。

从花露水说起

夏天，花露水、爽身粉与痱子粉，都是你的老朋友。花露水，可不能按字面解释为“花上的露水”。按照化学成分来说，它主要是配有香料的酒精溶液。

花露水所用的香料，大都是玫瑰香油、紫罗兰酮等。不过，花露水中很少只用一种香料，而是用二三十甚至更多种香料。因为单是一种香料，香味单纯，把多种香料配合使用，可使香味醇厚。为了使花露水的香气馥郁幽雅，香料厂里的调香工程师常常要调试几十次、几百次，才得出比较满意的配方。

香料是花露水的"主角"，而酒精则是必不可缺的"配角"：因为香料大都是不溶于水、而溶于酒精的。另外酒精易挥发，能迅速把香味扩散到周围的空间。

此外，花露水中还加有一些色素，常呈浅绿色。

花露水是常用的生活用品之一。夏天，在身体汗多的部位洒点花露水，不仅可以去除汗臭，而且由于酒精易挥发，挥发时吸热，使人有凉爽之感。

此外，花露水还有许多妙用：人们常用来消毒杀菌，因为花露水所用的酒精，浓度为70%，具有较强的杀菌能力，酒精里所溶解的一些香料也具有一定的杀菌作用；皮肤被蚊子叮咬之后，涂点花露水，可以消肿止痒；在热毛巾上滴几滴花露水，敷在醉酒人的脸上，有醒酒止呕的功效。香水与香水精，都是花露水的"同辈姐妹"，它们都含有大量酒精。花露水、香水中，酒精占比60%—80%；香水精中，酒精占比90%以上。

人们常说，花露水越陈越香。其实，这缺乏科学根据。如果说这种情况有可能存在，那只是酒精在长期的贮存中，氧化变成醋酸，醋酸再与酒精生成具有香蕉气味的乙酸乙酯。然而，这样生成的乙酸乙酯量很有限，与花露水中原有的香料相比，是微不足道的，因此，不可能使香水的香味有明显增加。然而对于老酒来说，原先酒中并无香料，因此说越陈越香，还讲得过去。

爽身粉与痱子粉，虽然它们都是白色的粉末，却不是同一种东西。

爽身粉具有爽身润肤的作用。爽身粉中，90%以上是滑石粉，此外，还有一定量的硼酸、桉叶油、香料等。滑石粉很“和气”——对皮肤没有什么不良的刺激性，具有爽身、吸汗和黏附的作用；加入硼酸，则是作杀菌剂；桉叶油易挥发，具有一定杀菌作用，属于“凉型香料”——因为挥发会吸热，使人有凉爽之感；香料是为了芳香宜人。

痱子粉主要成分虽然也是滑石粉，但它与爽身粉有着不同的作用——去痱止痒。痱子粉中，除了滑石粉，还加有一些去痱止痒的药剂，如麝香草脑、苯甲酸、薄荷脑、升华硫与氧化锌等。

爽身粉主要起爽身作用，但也具有一定的去痱作用；痱子粉主要起去痱作用，但也具有一定的爽身作用。

顺便提一下：痱子粉这名称不够确切，严格地讲，应该改为去痱粉才合适。

清凉油是夏天常用的药物。

人丹，过去称作仁丹，后来才改称人丹。

人丹是我国独有的药物。它是用樟脑油、薄荷、冰片、砂仁、小茴香、姜、桂皮和木香等植物性中药，磨成细粉，混匀成丸。这些中药，都是一些芳香性和辛辣性的药物。市场上销售的人丹，有紫褐色的，有银白色的，虽然颜色不尽相同，但药物成分是一样的。人丹因含有芳香性、辛辣性药物，能刺激舌头上的味觉神经末梢，产生一种清凉的感觉；也能刺激唾腺以及各种消化腺，以增加分泌唾液和消化液，从而促进食欲，加强消化；还能刺激肠胃，促进肠胃蠕动，使肠胃里过多的气体排出，以解除肠胃疼痛。所以，人丹能治消化不良引起的腹胀、腹痛等症。此外，人丹也有提神、加速血液循环等功用，特别对晕船、晕车者有防晕止呕的效用。

清凉油，过去叫万金油。清凉油有黄、白、绿三种颜色，这主要是由于做基质的凡士林有黄有白，而绿色，则是加了色素所致。凡士林在清凉油里，虽然占了50%以上的重量，但它只是作为一种配料，清凉油主要原料是薄荷脑、樟脑、桂皮油等有香味、有刺激性的药物。清凉油涂在皮肤上，使人产生凉快的感觉，驱除炎夏的闷热。清凉油还能止痛，人们头痛时，把它涂在太阳穴或颈后两侧，便能刺激感觉神经末梢，并通过反射引起中枢神经系统机能的某些改变，从而减轻或解除疼痛。夏天，人的皮肤常被蚊虫叮咬，痒得很，这时抹上清凉油，能起到抑制或消灭细菌的作用。

清凉油涂了一次之后，如果还要在原处涂抹，就应当用干布把这部分皮肤擦干净，否则，第二次涂上的清凉油会被第一次涂上清凉油中的凡士林隔住，效果就差了；还有，在夏天应很好地保存清凉油，要注意密封、防热，因为薄荷脑等药物在热天最易挥发，要是挥发完了，清凉油就没有药效了。

遍地野鸭和菱藕

春天，“小荷才露尖尖角，早有蜻蜓立上头”。到了盛暑，则完全是另一番景色：“接天莲叶无穷碧，映日荷花别样红。”

古代诗人喜欢吟诵的莲，是一种多年生水生草本植物，它的花叫作荷花。荷花，又叫莲花。此外，它还有许多别称，如芙蓉、藕花、水旦、水华、玉环等。

人们赞誉荷花“出淤泥而不染”，这话不错，荷花确实出自污泥。荷花之所以能够成为出水芙蓉，亭亭玉立，是因为它的根深深扎于泥土之中。藕就是莲的地下根茎。

藕，是很好的食品，微甜而脆。藕中含有很多淀粉，干后可制成藕粉。

荷花开过以后，子房和花托膨大，成为莲房，俗称莲蓬。荷花的果实，俗称莲子。莲子是很好的营养补品。

我国很早就懂得采莲。那首脍炙人口的古代民歌《江南》，便形象地勾画出江南采莲风光：

江南可采莲，
莲叶何田田。
鱼戏莲叶间。
鱼戏莲叶东，
鱼戏莲叶西，
鱼戏莲叶南，
鱼戏莲叶北。

莲浑身是宝，不仅藕和莲子富有营养价值，而且荷叶、花蒂、莲薏（莲子中嫩绿色的胚）和莲房都可作中药。特别是荷叶，煎水后，清凉解暑。现在，莲一般都是直接用藕繁殖。其实，莲子才是莲真正的种子，只不过如今人们不大用它来繁殖罢了。有趣的是，1952 年，人们在辽宁新金泡子屯附近的泥炭层里，发现一些古代的莲子。经过中国科学院考古研究测定，这些古莲子已有 835—995 年的历史。

这些古莲子能够发芽吗？起初，人们把古莲子浸泡在 15—25 ℃的水中，浸了 8 个月，依旧不见动静。这是因为古莲子外边包着一层坚硬的外壳，水无法渗入。后来，科学工作者查阅了 1400 多年前贾思勰著的《齐民要术》，得到了启发。这本古书写道："于瓦上磨莲子头，令皮薄……少时即出。"于是，他们就用锉刀把古莲子的尖头小心地锉开，再用清水不时喷淋，结果古莲子居然萌芽了！这个事实说明：莲子具有惊人的生命力，即使经过漫长岁月的沉睡，在一定的条件下还能萌发。

菱与藕常常并称。电影《洪湖赤卫队》的插曲中，便有"遍地野鸭和菱藕"之句。

我国是菱的故乡，菱在我国有着十分悠久的栽培历史。考古工作者曾在浙江钱山漾古代文化遗址中，发掘出新石器时代的菱等遗物，就充分证明早在3000多年前，我国太湖流域一带就已经懂得栽培菱了。至今，菱在我国分布已十分广泛，南自海南岛，北至天津一带都有出产，在浙江、江苏两省更加普遍。

菱，属菱科，一年生草本植物。河、湖、池塘等便是菱的家。菱的根生在水底泥土中，菱的叶漂浮在水面上。叶片有点像菱形，上半部边缘有锯齿，深绿色的叶片富有光泽。叶柄很长，一般有6—10厘米，有趣的是柄上有一个膨大部分，叫作浮囊，里面“住”着空气，使叶片能浮在水面上。菱的花都较小，常见的是乳白色小花，也有淡红色和淡黄色的。菱的果实是坚果。

菱有大菱和小菱两类。大菱都是人工栽培的，又称家菱；小菱一般是野生的。小菱都有较锐利的角，而大菱也有二角、三角、四角、无角等品种。有的菱之所以无角，是人们长期培育的结果。因为角的形成需要大量的养料，消耗了养分而影响了菱肉的品质，因此，人们便从大量的有角菱中，选出一些角刺退化了的菱作种。经过一年复一年的选择，菱的角刺退化越来越厉害，最后终于变成无角菱。著名的苏州无角馄饨菱，是我国在七八百年前培育出来的，古书有记载：“近又有无角者称馄饨菱，以其形似也。”

像浙江湖州种植的新品种圆角红菱，便是由原来的四角红菱，经过七八年的连续选种培植出来的。人工培植的无角菱，不仅菱肉比多角菱多，而且更美味可口。

菱肉可以熟吃，也可以生吃，十分美味，而且富有营养价值：据测定，每100克菱肉含有24克淀粉、3.6克蛋白质、9毫克钙、49毫克磷、0.7毫克铁，此外还有维生素B_1、B_2，维生素P等。明朝李时珍在《本草纲目》里也曾提到，菱，甘平无毒，解暑，解伤寒积热，止消渴。菱，不仅可以作为美味的果品，而且菱的茎叶可作家畜饲料，也可作绿肥。菱的果实，含有单宁，还可提取栲胶作工业原料。菱，是用途很广的水面庄稼。

年年夏日台风狂

在夏天，报纸上经常有这样的消息："台风警报。"

台风，年年都有，不光中国有，世界其他地区也有。

台风是怎样产生的呢？当你从一座桥上经过的时候，低头看看桥墩，一定会看到这样的现象：奔腾而来的河水，碰到桥墩，便激起一个个漩涡。台风，实际上就是一个巨大的空气漩涡！

台风总是在每年夏秋两季发生。特别是夏季，太阳像个火球，直射着太平洋菲律宾群岛和我国南海一带的海面。很快，海水被晒得很热，海面上的空气也被烘热了。热空气比冷空气轻，因此，热空气上升，而周围的冷空气又流过来填补热空气原本的位置。这样，空气就产生了流动，而形成了强烈的风。本来，如果地球不自转，这风并不会形成漩涡，这正像烧开水时一样，锅底受热，锅里的水也只是上下对流，并没有形成漩涡。但

是，实际上地球是在不停地自西向东旋转。这样，从四面流来的冷空气，便随之改变了方向：原来的北风偏转成东北风，南风偏转成西南风，西风偏转成西北风，东风偏转成东南风，于是形成了一个逆时针转动着的空气大漩涡——台风。

台风，像孩子们玩的陀螺似的，且旋且走。刚形成时，一般是由东向西移动，然后逐渐向西北移动，最后转向东北——也就是我国的广东、福建、浙江、安徽、江苏一带。刚形成时，台风的“势力范围”比较小，漩涡的直径也不过 100 千米，但是，它一边前进一边沿路“招兵买马”，漩涡像滚雪球似的越滚越大，到了我国沿海一带，漩涡直径竟达 1000 千米，比原先大十倍！当然，在东南沿海登陆以后，由于不断受到空气的阻力，特别是陆地上山脉的阻挡，风力便逐渐减弱。因此，台风一般只能深入沿海几百千米内的地区，而不能把“势力范围”扩张到内地和北方。

一般来说，台风是一种灾害性天气：它那强大的风力——狂风和大量的水汽——暴雨，常常摧毁房屋，淹没农田，危害人畜。

夏天，当你用明矾净水时，搅动缸水，常看见这样的现象：缸里的水面像漏斗样凹下去，周围的水旋转得很快，而中心的水几乎不动或者流得很慢。台风也是这样，台风的中心，反而常常风平浪静，天气晴朗，这个中心在气象学上被叫作台风眼。但是，离台风眼稍远的地方，风力就非常强，最大风速可达每秒钟 30 米。这样强大的风，在海上可以把船弄沉，在陆地上可以拔树坍屋。

据记载，1915 年一次台风侵袭上海，造成 300 多人死伤，摧毁树木 6000 多棵，打坏、沉没船只 30 多艘。由于台风来自热带海洋，因此，总是挟带着大量的水汽。这些水汽到了大陆一旦冷却，便变成瓢泼大雨哗啦啦地下起来。有时，一天之内的降雨量可达 500 毫米。所以在台风期间，暴雨往往造成水位猛涨，甚至冲毁堤坝，以致造成严重的水灾。

不过，上面说台风是灾害性天气，是指强度较大的台风。如果台风风势较弱，雨量又适中，对农作物的生长以及收成都有一定的好处。总的来说，台风还是害多利少。既然台风是灾害性天气，那么，我们就应该和台风展开斗争！目前，虽然人类还不能用科学的方法减弱台风，但人们对于台风的规律——“脾气”已摸得十分清楚。现在，一旦台风将到，气象台就准确无误地向人们发出警报，由于及时做好种种预防工作，可以大幅降低台风带来的灾害。

我国沿海一带，台风的大致的规律是这样的：4 月，台风开始在越南登陆，然后逐渐北移；5 月，台风向北推进到汕头一带；6 月，开始在汕头和温州之间登陆；7 月到 9 月，是台风的“全盛时期”，不仅在温州以南登陆，也在温州以北登陆；9 月以后，台风的势力大减，即使登陆，也不会在温州以北登陆；直到 11 月以后，台风才会完全退去。据统计，台风在汕头以南登陆的概率是 35%，在汕头到温州之间登陆的概率是 50%，而温州以北登陆的概率是 15%。

和台风作战的“侦察兵”是气象人员。台风来临前，正是气象台最为忙碌的时刻。气象人员随时监视台风的行踪，对台风的中心位置、移动方向、风力、速度、影响范围等进行预报。我们在报纸上看到的台风消息，实际上就是来自气象台的侦察报告。我国气象台还利用气象卫星，居高临下，拍摄“红外云图”。在这种云图上，可以清楚看见台风的范围和台风眼的位置，更便于做出准确的预报。

收到台风警报之后，繁忙的预防工作便开始了：船舶从海上开回避风港；露天存放着的物资、商品，要抢搬入仓；危险房屋内的居民要迁到安全的地方去；城市里，地下水道要进行检查，防止堵塞；在农村，已经成熟的庄稼必须立即进行抢收；水库、河流的堤坝要进行维修加固。这样，当一切该做的预防工作都做好了以后，台风来了，所造成的损失就会大为降低。

3 金色的秋天

一叶落而知天下秋

常言道：“一叶落而知天下秋。”秋风起，叶子纷纷由绿变黄，飘零一地。

叶子，为什么是绿色的呢？到了秋天，又为什么会变黄呢？

叶子呈现绿色，是因为它含有一种绿色的物质——叶绿素。叶绿素本身并不是纯粹的绿色。大自然里的叶绿素是由两种不同的叶绿素——叶绿素 A 与叶绿素 B 混合组成的。叶绿素 A 是蓝绿色的，叶绿素 B 是黄绿色的。两者相混，便成了纯绿色。

人们常常把叶子称为“绿色的工厂”。一点也不错，叶子确实是一个奇妙的工厂：在阳光的照射下，植物的叶绿素就把水分、二氧化碳与其他养料加工成各种各样的有机化合物，如淀粉、葡萄糖等，这个过程称为光合作用。如果没有叶绿素，光合作用就没法进行。不光是叶子里“住着”叶绿素，许多未成熟水果的表皮里，同样也含有叶绿素。新生的叶子里叶绿素很少，嫩叶常常是浅绿色的，甚至是白色的。到了它能独立进行光合作用的时候，叶子里的叶绿素就多了：远远看去，一片碧绿。

有些植物，例如糖萝卜和秋海棠的叶子，常常是红色或者紫红色的，它们也含有叶绿素吗？有！这些叶子之所以呈现红色，主要是因为它们含有许多红色的花青素；但是，它们也含有许多叶绿素，只不过是花青素“喧宾夺主”，叶绿素被红色的花青素遮住罢了。

另外，许多海底的植物，像海带、紫菜，也常常是红色或褐色的。其实，它们同样含有叶绿素。

到秋天，北方的寒流浩浩荡荡地南下，树叶纷纷由绿变黄。这又是什么原因呢？

这是因为叶子除了含有叶绿素以外，还含有黄色的叶黄素。平常，因为叶绿素的绿色非常浓，把叶黄素的黄色遮住了。

到了秋天，叶绿素渐渐被破坏，叶黄素崭露头角，叶子也就由绿变黄了。

叶绿素的分子构造庞大而复杂，为了研究它，人们进行了长期的探讨，并付出了艰苦的劳动。现在，它已能在实验室人工合成了，这为人类进一步掌握光合作用提供了更好的条件。

一位世界著名的科学家曾经说：“掌握光合作用的过程，对人类来说，比得到原子核能还要重要。”

当树叶由绿变黄之后，经秋风一吹，便纷纷飘落。正如杜甫在《登高》一诗中所写的秋景：“无边落木萧萧下。”

树木落叶，是树木本身对大自然气候改变的一种适应。

到了秋天，气候变得干燥而寒冷，土壤里的水分变少，植物的根吸收能力也变差。这时假如植物的叶子还要大量蒸发水分，那么，植物就会因严重缺水而枯槁。而落叶则可减少植物对水分的消耗，有利于植物的生存。

不过，也有的树秋、冬都不落叶。比如松柏类，除了落叶松、金叶松会落叶，其他大都不落叶。这是由于它们的叶子是针状的，本身就很细小，表面面积小，消耗不了多少水分，对植株的存活没有威胁，所以不落叶。还有阔叶树，如冬青与女贞，秋、冬也不落叶。这是因为它们的叶子虽然宽大，但是叶子表面有一层厚厚的蜡质，可以减少水分挥发。

到了来年，当春姑娘的脚步声响彻大地的时候，“春风又绿江南岸”，树木长出新叶，又披上了绿装。

春华秋实

唐朝诗人李绅在《古风二首》中写道：“春种一粒粟，秋收万颗子。”春天，是植物萌芽、生长的季节；秋天，是植物结实、成熟的季节。

秋天，当你漫步在广阔的田野，黄澄澄的稻谷金波耀眼，秋风徐来，稻浪层层翻滚。面对着这金色的海洋，你能不洋溢着丰收的喜悦？

植物和人一样，一生要经过“五部曲”：诞生、成长、成熟、衰老、死亡。这是新陈代谢的自然规律。世界上从古到今，从中国到外国，没有一个不死的人，也没有一棵不死的植物。正因为这样，不论是动物还是植物，都要传宗接代、繁殖种族。不然，就要被自然所淘汰。

各种植物延续种族的办法也是各不相同的：低等植物主要是靠孢子来繁殖。例如，一个小小的蘑菇，一旦成熟，便可撒出上亿个孢子！然而，一个孢子只是一个细胞，它没有储存多少“干粮”，这样，只要外界条件稍不合适，它就不能萌发，甚至死亡，上亿个孢子中，常常只有一两个孢子能“成家立业”。也正因为这样，自然界才不至于成为蘑菇世界！高等植物就要“高明”得多，它们是以种子繁殖的。植物种子，不仅贮藏着充分的养料，而且外面一般还有坚硬的外壳保护，因此成活率比孢子高得多。我们种的庄稼，绝大部分都是高等植物。

诞生种子的“摇篮”是花。牡丹花、玫瑰花、昙花、荷花，它们瑰丽的神采、沁人的馨香，给人留下了难忘的印象。画家们喜欢画它，诗人们喜欢歌颂它。而水稻、小麦、玉米等的花，既小又不漂亮也不香，常常不被人们注意。一些久住城市的人，甚至还没听说过稻子、小麦、玉米也有花哩!

同样是花，为什么这么悬殊呢？原来，这是因为牡丹、玫瑰之类是属于“虫媒花”，它们要靠那些长翅膀的“客人”——昆虫来做“媒人”传授花粉。为了招引这些长翅膀的“客人”，植物便把自己的花打扮得漂漂亮亮的，并且大摆“宴席”——花蜜。因此，它们的花大多是又大又香又漂亮。水稻、小麦之类呢？它们是属于“风媒花”，是靠自然风来做“媒人”传递花粉。风，它可不比昆虫，它不长眼睛，也不长鼻子。因为稻、麦不需要“化妆”来吸引它，所以，风媒花大多长得又小又不漂亮，没有花蜜，也没有香味。

风媒花的花粉，常常又小又轻又多。一棵玉米，可以散出 5000 万颗花粉粒。这样，风一吹，简直像天女散花似的，满天飞舞。松树也是风媒花，一株松树的花粉竟达 2 升之多。这样，松树林附近的池塘常常会因撒满花粉而变色，甚至有人还误以为松树林里下过一场“硫黄雨”呢。不同花粉的“寿命”也很悬殊：李子的花粉可以活 200 多天，百合的花粉可以活 60 多天，而玉米的花粉只能活 2 天!

秋天，田野上即将成熟的庄稼，其花朵绝大部分都是风媒花。它们是仰仗大自然来传授花粉。如果授粉季节无风吹，往往会使庄稼只长瘪子，产量大大降低。现在，农业上采取人工授粉的方法，不仅提高了产量，而且提高了质量。

秋色宜人精神爽

人们喜欢秋天，赞美秋天。一年四季之中，确实要算秋天气候最宜人了。

秋天的天空，常常万里无云，即使偶尔飘来几朵云霞，也“秋云多巧”。正如民谚所说：“七八月，看巧云。”

为什么说“秋高气爽”呢？原来，地球上天气的冷热，取决于太阳对地球的辐射位置。入秋以后，太阳开始由直射逐渐变为斜射北半球，地面所受的辐射强度下降，天气逐渐变凉。一方面南方暖流开始撤退，另一方面来自北方的寒流步步进逼，开始成为北半球的“统治者”。当寒冷而干燥的寒流驱走了温暖而潮湿的暖流时，空气中的水分减少，温度下降，云朵消失。白天晴空万里，夜间满天星斗，使人感到“秋高”；空气里的水分变少，人们身上的汗水，也就很容易挥发，不像夏天那样老是汗流浃背，所以显得“气爽”。夜间，天空无云，地球像脱掉了棉衣似的，热量容易散发，因此，秋天的夜晚便正如唐朝诗人杜牧《秋夕》中所写的那样：“天阶夜色凉如水。”

秋天，不光是天空蓝得那么可爱，连江、河、湖、海也是一片瓦蓝，秋水盈盈，简直和蓝莹莹的碧空难以分辨。唐朝著名文学家王勃的作品《滕王阁序》里就写下了名句：“秋水共长天一色。”

人们常常以为：水是无色透明的。可不是吗？当你从热水瓶里倒出一杯热腾腾的开水时，这水是无色透明的，从来也没听说过什么“蓝开水”。然而，有大量的水却是绿色的，更多的水是蓝色的！

为什么呢？原来，我们平常见到的白光，是由红、橙、黄、绿、蓝、靛、紫七种颜色的光和一些看不见的光线——红外线、紫外线等混合组成的。在这些光中，红外线、红光、橙光等波长比较长，能量比较小；而蓝光、紫光、紫外线等波长比较短，能量比较大。当白色光射进海洋的时候，本来，这些光线是“肩并肩”地一起进入，然而，在水里走过一段路程以后，红光、橙光等便很快被吸收了，而蓝光、紫光等不仅不易被吸收，并且一遇到水里的一些“小家伙”——泥沙、灰尘，便常常“开小差”——反射回来。这样，从海水里反射回来的光线便是蓝色的。在海边看去，海水也就是蓝色的了。

春天，江水、河水、湖水、海水，常常是蓝里带绿。到了夏天则绿意更浓了。这是由于在春天水里有许多浮游生物，如小球藻，它们大都是绿色的，这样，便使水带上了一点绿色。然而，到了秋天，浮游生物的数量大为减少，绿色光减少。除此以外，空气中灰尘少，使阳光中的蓝色光能够大量地透过大气层，投射到水里去，这样，蓝晶晶的水和蓝莹莹的天空相互映照，便显得“秋水共长天一色”了。

轻罗小扇扑流萤

每当残暑未消、秋意未浓的夜晚，人们一边挥动扇子，一边乘凉聊天。满天繁星，在夜幕上顽皮地眨眼；阵阵清风，偶尔飘来几颗绿莹莹的“流星”——萤火虫。正如唐朝诗人杜牧所写：“银烛秋光冷画屏，轻罗小扇扑流萤。”

在昆虫分类学上，有一个科叫萤科，萤科种类繁多，个体有大有小，我们常见的大都是小萤。

萤火虫是从哪里来的呢？很早以前，人们认为它是由“腐草”变成的。后来，生物学家们才弄清楚萤火虫的“履历”：萤火虫要经过卵—幼虫—蛹三个阶段，最后才变成善飞的成虫。萤火虫的卵呈淡黄色，粒小形圆，常产生于水边，夜间能发出蓝绿色的光。卵产出约一个月，便孵化成了幼虫，幼虫的尾部也能发光。每年七八月，蛹便羽化变为成虫。成虫尾部挂着一盏“绿灯笼”。

也许会出乎你的意料，萤火虫除了平时喝点雨露之外，它的“主食”竟是蜗牛。萤火虫的嘴尖而锋利。在“吃”蜗牛之前，它先分泌出一种毒液，给蜗牛注射“麻醉针”。然后，萤火虫便开始“进餐”了。不过，它并不能吃，而只能“喝”——分泌出一种消化液，把蜗牛的肉变成汤汁，然后再喝这“肉汤”。大抵是因为蜗牛太“斯文”，对于别的昆虫，萤火虫是无能为力的。

萤火虫，有许多很有趣的妙用：在南美洲的森林里，人们夏天夜出时，常常不用灯笼或手电筒，只要捉一只大萤火虫缚在鞋头上；在英国，渔民们把萤火虫捉来置于玻璃瓶中，盖上瓶塞，并把它沉到水里，以荧光诱鱼，效果很好；在日本，人们在夜间钓鱼时，巧妙地把一只萤火虫用线绑在浮子上，当有鱼来吃鱼饵时，萤火虫往下一沉，拉竿即可得鱼；在西班牙，妇女们喜欢用小小的薄纱袋，罩进几只闪闪的萤火虫，裹在头发上去参加夜舞会，而小伙子却爱把萤火虫装在马头上，作为美丽的装饰品；在古巴，妇女们把萤火虫装进精巧的萤火袋，挂在胸前、头发间或耳环上，犹如夜明珠一样漂亮。

萤火虫是最常见的发光动物，但世界上能够发光的生物还有的是。

大西洋的热带海域和印度洋中，有一种会“喷火”的鱼，当它受到“敌人”进攻时，马上放出一团闪闪发光的“火云”，把“敌人”吓了一跳，它就趁机溜之大吉。

南美洲有一种“汽车虫”，它的头上长着两盏会发白光的“灯”，而尾巴上却挂着“红灯”，活像一辆小轿车。

在印尼，有发光的鱼、发光的蜈蚣。在别的地方，还有发光水母、海笔等发光生物。

这些生物的发光现象，早就引起了人们的注意。因为一些固体物质在温度达到525 ℃时，才能发出微弱的红光，如果你想得到白炽炫目的光，那就得提高到1000 ℃以上。我们平时用的电灯，有93%以上的电能是用来烧红灯丝，使它发热的，只有不到7%的电能用来发光。而这些生物所发的光一点也不热，可见，绝大部分的能量都用来发光了，这是一种非常节约能源的灯光——冷光。人们在千方百计地探索这些发光生物的秘密。科学家发现生物发光主要是依靠它的分泌液。通过化学分析，又进一步揭开了分泌液的秘密。原来，这是成光蛋白质与成光酵素在变把戏。这里，主角是成光蛋白质，而成光酵素只是配角——催化剂而已。

成光蛋白质是一种点不完的“灯油”。当它和成光酵素在一起时，就可以被空气中的氧气氧化，变成含氧成光蛋白质，便会射出冷光。可是，含氧成光蛋白质与水化合后，却能还原成为成光蛋白质，又成了“灯油”。

认识世界后，更重要的任务是改造世界。现在，人们正在研究人工合成成光蛋白质与成光酵素，这个试验一旦突破，就可以在工厂里大批大批地生产。那时，只要在你房间的四壁与天花板上，涂些成光蛋白质与成光酵素，它们就能闪射出柔和而明亮的冷光。

西风紧，北雁南飞

秋风起，雁南飞。秋天，一队队鸿雁时而排成“人”字，时而排成“一”字，从我们的头上横空而过。这正如王实甫《西厢记》的一首词里所写：“碧云天，黄花地，西风紧，北雁南飞。”

雁，属于候鸟。它们一年一来回：秋天，寒流来临时，从北方飞往南方去避寒；春天，北方解冻，又从南方飞回北方去生儿育女。雁是这样，像燕子、海鸥、布谷鸟也是这样。

候鸟每年往复搬家，飞越千山万水，路途长达几千千米，甚至上万千米，鸟儿们却不会迷路！有人曾经做过这样的试验：当年他给住在自己家的一只燕子脚上缚了一根红绳子。翌年春天，当燕子从南方飞回来时，他发现来到自己家里“住”的那只燕子，脚上依旧缚着一根红绳子。

人尚且可能迷路，为什么候鸟却有不迷途的本领呢？这可真是一个耐人寻味的问题，许多科学家对这个问题进行了研究。

最初，人们认为候鸟是根据太阳来辨别方向的。这种看法有一定道理，但还不能完全揭开候鸟定向的秘密。因为有的候鸟，例如莺，飞行不在白天而在夜间，那它又是怎样定向的呢？为了揭开这个秘密，科学家们几十年前就做了这样的试验：把几只莺放到天文馆天象厅的人造星空里。天象厅的房顶是半圆形的，上面按照天上星星的位置安装了许多小灯泡。这样，一开亮电灯，真像繁星点点的夜幕——“人造星空”。在这样的人造星空中，莺居然好像在大自然一样，沿着迁移的方向飞行。天象厅的圆屋顶是可以转动的。当人们把它转动 180°后，莺飞行的方向居然也改变 180°——向相反的方向飞行。接着人们又转动了 180°，莺又同样改变了飞行方向。

从这个实验里，科学家们得出了结论：莺是根据星斗的位置来定位方向的。

在茫茫大海里，水手们依靠罗盘来确定方向。因此科学家们就这样猜想：候鸟的飞行是不是还和地球的磁场有关呢？

有人用鸽子做了实验：把鸽子带到很远很远的地方，然后把它放了，鸽子不久就飞回了原地。但是，当他们再次把鸽子带到远方，并且在鸽子的翅膀下缚了一块磁铁后，结果鸽子迷路了。这个实验说明：鸟儿也可能是利用地球的磁场来辨别方向的。但是，候鸟是不是也以地球磁场来定位方向？

这个耐人寻味的谜，还在探索之中。

月到中秋分外明

俗话说："月到中秋分外明。"每逢中秋节，一轮明月从东边涌上来，像一个巨大的银盘挂在天空，夜色清朗，大地如洗。千家万户，在月下欢度中秋佳节。

月亮是地球的卫星，它整天像个孩子似的亲昵地绕着地球妈妈转。为什么"月到中秋分外明"呢？在唐朝，有个名叫潘纬的人曾写了这样一首诗来解释："古今逢此夜，共冀沉寥明。岂是月华别，只应秋气清。"

秋天，正是秋高气爽、天宇晴朗的季节。这是"月到中秋分外明"的一个原因。除了这以外，还因为：

中秋正值农历八月十五，月亮正是"满月"——像一面圆镜子，分外明亮；更重要的是，因为月亮的自转轴并不垂直于它的运行轨道，太阳光有时是直射月亮，有时是斜射月亮。中秋节正当秋分前后，或者正值秋分，这时的太阳光差不多垂直射到月亮上。因此，月亮上接受的光线也多，从地球上看去，便显得格外明亮了。

在我国古代，人们常常把月亮称作"银蟾"或者"清蟾"，甚至干脆称为"蟾蜍"。如唐朝诗人贾岛的《忆江上吴处士》中，便有这样的诗句："闽国扬帆去，蟾蜍亏复圆。"蟾蜍是蛙类。人们为什么把月亮叫作"银蟾"呢？原来，月球表面是凹凸不平的，由于受光照程度不同，那些凹下去的地方，便形成了暗淡的黑影。在古代，人们看见这些黑影的形状挺像一只蟾蜍，因此，便把月亮称作"银蟾""清蟾"或"蟾蜍"。

在我国，还流传着"嫦娥奔月""吴刚伐桂""玉兔捣药"等奇妙而美丽的神话。唐朝诗人李贺的《梦天》诗中第一句便是"老兔寒蟾泣天色"。杜甫诗云："捣药兔长生。"李商隐写过"嫦娥应悔偷灵药，碧海青天夜夜心”。其实这些神话也是人们根据月亮上的黑影，加上丰富的想象力而编造出来的。毛主席的《蝶恋花·答李淑一》里有：“问讯吴刚何所有，吴刚捧出桂花酒。寂寞嫦娥舒广袖，万里长空且为忠魂舞。”这里所提到的“吴刚”“嫦娥”和“桂花酒”，都是我国神话中的人和物。

月亮，是人们最感兴趣的星球之一，因为它离地球最近，是地球最亲密的伴侣，也是人们研究得最为透彻的一个星球。

月亮是一个寂静的世界。在地球上，大自然的“花样”可多了：一会儿下雨，一会儿打雷，再不就是下雪、下冰雹。这些把戏，全是大气和水蒸气操纵的。月亮上呢？那里几乎没有空气，也没有液态水。因此，也就没有风、霜、雨、雪、雷、电、雹。

月亮上的天气是骤冷骤热的，这是因为它不像地球那样，穿着一件“外衣”——大气层。在白天，月面中心部分，温度高达 130 ℃，那里的石头就像燃烧着的煤块一样烫手，如果你想做饭，根本用不着烧炉子，只消把锅往石头上一搁就行了。然而，当太阳下山、夜幕降临时，月亮上的温度会下降到－153 ℃。

月亮比地球小得多，它的质量只有地球的八十一分之一。因此，月亮对物体的吸引力要比地球小得多。有趣的是，如果在月球上举行运动会，那么，几乎每个人都能打破跳高和举重的世界纪录！

对于月亮的“脸庞”，谁也不会生疏。但是，你知道吗，月亮总是用固定的一个半球朝着地球！不论是昨天、今天还是明天，不论是去年、今年还是明年，你所看到的月亮，总是一个样儿的。

千百年来，人们只能“举头望明月”。但自从人类发射人造地球卫星以后，人类征服宇宙的时代便开始了。

1969 年 7 月 21 日，月球上第一次出现人类的脚印——美国宇航员尼尔·阿姆斯特朗先是用左脚踏上月球，然后小心翼翼地把右脚踏上月球。

如今，人们绘制了精确的“月面图”，清楚地标明了月球上的“陆地”“海洋”“环形山”和辐射纹的位置。

人们也测定了月球绕地球一周的时间约为 273 天。月球运行的速度为 3680 千米/小时，平均每秒钟约运行 1000 米。月球的年龄约为 45 亿年。

人们还精确地测定了月球的形状，发现它并不完全是一个“圆月”——圆球体。它的南北极稍扁，月球南北极半径大约比月球赤道半径短 500 米。

早在唐朝，白居易便对利用月球提出很具体的设想：“月宫幸有闲田地，何不中央种两株。”随着对月球的深入探索，人们将逐步利用月球、改造月球。

秋菊傲霜开

秋天，菊花傲霜而开，卓然自立。

中国古代儒家典籍《礼记·月令》里，便记载着“鞠有黄华”。正因为菊花不畏寒冷，因此，几千年来，深受我国人民的喜爱，被看成坚强不屈、品格高尚的象征。

历代的园农，精心地栽培菊花，不断地培育出新的品种；历代的学者，传播种植菊花的知识和经验，记载菊花的品种，描述菊花的形态。宋朝范成大的《范村菊谱》，刘蒙泉的《菊谱》，记载了百余种菊花品种。元朝杨维桢的《黄华传》，记载了 163 种菊花品种。到了明、清，菊花的种植更广泛了。清康熙年间编的《广群芳谱》，所记载的菊花有 300 余种。而现在，我国的菊花品种已在 2000 种以上了!

人们喜欢菊花，赞美菊花。1960 年 12 月 10 日，我国原邮电部特地发行了一套（共 18 张）菊花的邮票，选用了我国菊花的名种——金牡丹、玉盘托珠、温玉、天鹅舞、如意金钩、绿牡丹等 18 个品种作为图案。这套菊花邮票发行后，得到世界各国的好评。

在植物分类学上，菊属于“高等植物”——双子叶植物。据植物学家们的研究，菊大抵是从我国原野上的一种原菊逐渐演变过来的。但是，这种原菊早已绝种。

至于现在异常繁多的品种，那是几千年来精心培育出来的。

菊花最引人注意的，自然是它那美丽的花朵。菊花的颜色有红的、白的，也有紫的、黄的、蓝的和绿的，真是五光十色，万紫千红。菊花的形状也格外多姿：花瓣有管状的、针状的，有长瓣的、短瓣的；花头有球状的，有辐射状的。花株多的有上千朵花，而少的只开一朵花。大多数的菊花朝上开，也有少数倒垂着开。除了主要供观赏外，菊花也可以做茶，它那沁人的馨香，可以驱走人们的倦意。有趣的是，我们常用的蚊香，有些是用除虫菊做的。除虫菊和菊花是亲姐妹——同属于菊科植物。现在世界上的菊花，差不多都是从中国传出去的。日本植菊也十分普遍，相传大约在唐宋时代，从中国传过去的。到了 17 世纪，荷兰商人把菊花从我国运到欧洲。18 世纪，法国也出现来自中国的菊花。19 世纪，中国的菊花传入英国，后来传入美国。这样，我国的菊花便开遍全世界了。

望远必须登高

农历九月九日为什么叫作重阳节呢？原来，我国古代把“六”叫作“阴数”，把“九”叫作“阳数”。九月九日，正好是两个“九”，便称它为重阳。重阳这天，我国历来有登高的习俗。这种习俗起源于东汉时桓景上山避难的故事。

据说，汝南人桓景和一个名叫费长房的术士一起出去游玩。路上，费长房对桓景说："九月九日那天，你家当灾，必须马上叫家里人缝几个口袋，里头装进一种叫作茱萸的草，绑在手臂上，再到山上去喝菊花酒，这样才能避免这场灾难。"桓景听了，便照着办了。在九月九日这一天，他带着家里人登山。晚上，回到家里一看，家里的鸡、狗、牛、羊都死了。费长房对桓景说："你家的这场灾难，已经被这些家畜挡了。"

这个故事当然只是传说。现在，谁也不会相信九月九日登高可以避难。不过，到了这天，趁秋高气爽的大好时光，登上高山，举目四望，一则可以锻炼身体，二则可以开阔眼界，心旷神怡，也是挺好、挺有意义的活动。

要望远必须登高，正如唐朝诗人王之涣《登鹳雀楼》一诗中所写："欲穷千里目，更上一层楼。"站在一马平川的草原或者一望无际的海边，举目四望，你可以看到"尽头"——地平线，它永远是弧形的。很明显，这是因为你站在一个巨大的圆球——地球上嘛。地球是圆的，怪不得地平线呈弧形。

假如周围没有高山，又没有高大的建筑物，没有浓雾，而你又不近视，那么，根据几何学上的计算：一个身高 1.5 米的人，可以看到周围约 4.6 千米的地方；一个身高 1.7 米的人，可以看到周围约 5 千米的地方。

在古代，人们为了看得远，常常在国境线上或者要塞附近筑起高高的瞭望楼。《三国演义》里，关羽为了防止东吴的偷袭，便在荆州的长江岸边筑起瞭望台和烽火台。在海上，人们为了看得远些，也常常在船桅上绑个木桶，坐在里头瞭望，以便及时发现远处出现的海岸或船只。

古代，登山只不过是重阳节的一种习俗；现在，登山已成了一项体育运动。

随着科学技术的发展，人们登得越来越高了。现在，如果你坐上飞机，便能看见周围几百千米的地方；要是坐上宇宙飞船，离开地球，那看到的将不光是几百千米、几千千米的地方，而是半个地球！

五光十色话焰火

国庆节的夜晚，分外热闹，随着一声声巨响，五光十色的焰火飞上夜空，犹如天女散花，把欢乐的节日渲染得格外美丽。

焰火，又叫烟火、礼花。它是爆竹和花炮的“混血儿”，兼具爆竹和花炮的特长——既能升到高空，又能放射火花。拆开焰火，便可以看出它的一半像爆竹，另一半像花炮。

焰火的底部，装着黑色火药——硝酸钾、硫黄和木炭粉的混合物。底端有根“尾巴”，那是引信——用纸做的，它经过硝酸钾处理，很容易燃烧。当你一划火柴，点着引信，火便顺着“尾巴”爬进去，把黑色火药点着，引起爆炸，产生大量的气体和热量，把焰火送上高空。这是像爆竹的一半。

焰火的另一半——顶端，构造却像花炮。它顶端有四样东西：燃烧剂、助燃剂、发光剂和发色剂。它们各有各的用途。

燃烧剂也是用黑色火药做的。正因为黑色火药燃烧时，能发出大量的光和热，人们用它来把发光剂和发色剂发射出去。

助燃剂是用氯酸钾、硝酸钡做成的。它们是氧的“仓库”，一受热便分解，放出大量的氧，使燃烧剂烧得更猛。

发光剂是铝粉或者镁粉。这些金属的粉末能够猛烈燃烧，射出白炽的光芒。在放了焰火后，半空中常常会飘落一些雪花般的轻灰，那便是金属燃烧后生成的氧化铝或者氧化镁白色粉末。

发色剂要算焰火中的主角了。焰火那缤纷的色彩，全仗发色剂。

发色剂并不神秘，其实就是些普普通通的化学药品——金属盐类罢了。原来，许多金属盐类在高温下，能够发出各种色彩的光芒：食盐（氯化钠）发出黄光，硝酸锶发出红光，硝酸钡发出绿光，氯化钾发出紫光，硫酸铜发出蓝光，等等。这种现象，在化学上叫作焰色反应。

每种金属盐类在高温下，都会发出自己固有的彩色光芒。在野外，地质勘探队员就常把采集到的矿石研成粉末，撒到火堆里，根据火堆中光发出的颜色来判别矿石中到底含有什么金属。

地上的“白云”

秋天，天上飘着棉花般的白云，田野上挂满白云般的棉花。棉花，是白色的“金子”！

棉花的故乡是印度。在中世纪，甚至到了17世纪，欧洲人还不知道什么是棉花。那时，欧洲的一些旅行家来到印度，看见棉花，觉得莫名其妙！他们以为是“长在树上的羊毛”！1322年，约翰·孟德维尔曾在他的《旅行记》里写道：“那里（印度）生长着一种类似南瓜的果实，它们成熟的时候，把它们切成两半，就可以在里面找到一只有肉、有骨、有血而且很像小羊的动物，它的外面长着毛。”这就是当时欧洲人心目中的棉花——真是天晓得！

从南印度发掘出来的新石器时代的遗址古物来看，大约在4000年前，印度已经开始种植棉花。世界各国的植物学家大部分都认为，棉花起源于印度。不过，最近考古学家们在秘鲁和墨西哥的沙漠里，也发掘到一些古代的棉织品，证明美洲植棉的历史可能比印度更久。另外，考古学家们还在非洲找到一些古代棉织品，证明阿拉伯人的植棉历史也不比印度晚。

古代印度的纺织技术是十分高超的。据说，铺在草上被露水浸湿了的印度纱布，像玻璃一样，简直不易看出来。怪不得东方的诗人说，印度的织物是“风织成的”，是“魔术仙人”织成的。

大约在汉朝，印度棉由海路传入我国珠江一带。到了宋朝，长江流域开始比较普遍地种植；美洲棉于1898年传入中国，由于美洲棉纤维长、产量高，我国黄河、长江一带现在还广泛地种植。

棉花为什么要长这长长的棉絮呢？其实，它并不是为了人类而长，而是为了使自己能很好地传宗接代。因为棉花和柳树、蒲公英一样，都是所谓的“风媒花”，它们的种子上长着长长的绒毛，以便能随风飘荡，把种子撒遍四面八方。人类正是利用了棉花的这一点，每次总是选择棉絮长的棉籽留种，久而久之，棉花的棉絮变得越来越长。

有趣的是，棉花竟然是一条“变色龙”：早上棉花初开时，是白色；没多久，变成了淡黄色；到了下午，棉花逐渐转红，最后变成紫色。其实，这是奇妙的花青素在变把戏。棉花的花瓣里含有花青素，而花青素的颜色，会随着温度、酸碱度的不同迅速变化。这样，一天之内，随着太阳照射不同、温度不同，棉花的花朵便不断地变换自己的“装束”。另外，不同的品种，花色也常常是不一样的。例如，陆地棉的花是白色的，亚洲棉的花有白色、黄色和红色的，而海岛棉的花却是金黄色的。

棉花在开花和结桃的时候，有一个特点：非常需要磷肥。如果磷肥不足，常常会造成落蕾掉铃。本来，给棉花施点磷肥并不困难，可是，如果按照常规的施肥方法——把磷肥施到泥土里，那可不行，因为这样不能很快被棉花吸收，“远水救不得近火”。这可怎么办呢？人们采用了巧妙的办法——根外追肥，直接把磷肥喷到棉花的叶子上。

也许，你会感到奇怪：把磷肥施到叶子上有什么用呢，叶子上又不长

“嘴巴”！的确，过去，人们一直以为庄稼只用根吸收养料。后来，人们才发现，庄稼的叶子上也长着“嘴巴”！叶子上的“嘴巴”长在哪里呢？原来，叶子上有许多气孔。这些气孔，是庄稼平常进行呼吸时进出气体和水分的地方。严格点讲，这些气孔算是“鼻孔”。然而，当你在叶子上喷射了磷肥，磷肥的溶液就顺着这些鼻子进入叶脉，再由叶脉送到棉桃以及各个部分。这下子，“鼻孔”可变成了“嘴巴”。

棉花全身是宝，是一种重要的经济作物。种棉花，主要是为了收棉絮。随着化学工业的发展，棉花也成了化学工业的重要原料。

以虫鸣秋

秋夜，很少是寂静的！到处都是虫声，吵个不停。欧阳修在《秋声赋》中，便生动地描述了秋夜里的各种虫声。

这些歌吟的昆虫中，要算蟋蟀和螽斯歌声最高，鸣叫得最卖力气。在初秋，常常还能听见蝉的鸣声。

很早以前，蟋蟀就以它的鸣声和好斗博得人们的喜爱。据考证，我国大约在唐朝天宝年间（8世纪）便开始饲养蟋蟀。《开元天宝遗事》里便有这样的记载："每至秋时，宫中妃妾辈皆以小金笼捉蟋蟀，闭于笼中，置之枕函畔，夜听其声。"

到了宋朝，江浙一带便有人开始斗蟋蟀了。后来那些饱食终日、无所事事的帝王将相、达官显贵甚至给蟋蟀以什么将军的封号，死后用金棺材来葬！南宋宰相贾似道是个"蟋蟀迷"，整天大斗蟋蟀，还写了《促织经》，这是世界上第一部研究蟋蟀的专著。那时候，蟋蟀不过是有闲阶级茶余饭后的玩具。

螽斯在古代也有饲养，它常常和蟋蟀齐名。明代袁宏道曾写道："京师人至七八月，家家皆养促织……京师人谓之聒聒，亦捕养之，南人谓之纺织娘……音声与促织相似，而清越过之……蛙吹鹤唳不能及也。"

至于捕蝉饲养，在唐朝就开始了。那时，在长安，每到夏天，就有人捉蝉在街上叫卖："卖青林乐，卖青林乐。"

长安还有所谓"仙虫社"的组织，专门聚蝉而鸣，看谁的蝉鸣得最长久。

这些长翅膀的歌唱家，究竟是怎样歌唱的呢？在古代，人们常常以为它们和人一样，也是用嘴在叫。其实，它们十个里头有九个不是用嘴叫，而是用其他的器官摩擦发声。

蟋蟀的鸣声，是来自它的双翅。蟋蟀的两片前翅，总是右翅盖在左翅上，而且是几乎全部盖着。右翅下部，有一排锯齿状的突起物。如果你用放大镜对着仔细数一数，便可以数出大约150个的"锯齿"。这些"锯齿"叫作音锉。左翅上边，音锉的下边，有着坚硬的摩擦缘。当蟋蟀发声的时候，右翅的音锉和左翅的摩擦缘剧烈地摩擦，这就像木匠用锯子锯木头似的，便发出声音来。

明代学者刘侗的《促织志》上曾指出蟋蟀是用翅膀发声的："有虫黑色……以翼鸣，其声磴棱棱。"蟋蟀的鸣声也比较好听，不像蝉那样单调，而是抑扬顿挫——"唧、唧、嚯、嚯——唧、唧、嚯、嚯"。

螽斯是蚱蜢的"堂兄"，它的身体比草地上一般的蚱蜢要大得多。生活在草地里的螽斯大都是绿色的，而奔走于岩石间的螽斯常是棕色的。螽斯相当警惕、机灵，当你顺着鸣声去捕它时，它立即寂静下去，很久不再吱声。螽斯的鸣声响而长，人们十分喜欢它，孩子们常爱把它逮来，装在自己用竹篾编成的小笼子里，用嫩叶喂养。螽斯的发音方式和蟋蟀差不多，也是靠摩擦翅膀，只不过音锉在左翅，摩擦缘在右翅，和蟋蟀恰恰相反。

蝉呢？它整天在树上鸣个不停，正因为这样，在寓言里，蝉也就成了好吹牛、爱讲大话的角色。蝉不是用口唱歌，这在古代就知道了，因为蝉的口像一根针，甭说唱歌，连嚼东西都不成，《淮南子》上也说："蝉无口而鸣。"那么，蝉靠什么发声呢？它是靠胸部后面两个圆而大的音盖下面的发音膜。这发音膜很有弹性，它和十分发达的肌肉相连。当肌肉迅速地一收一缩时，发音膜便发出声音来。此外，蝉还有一对巨大的共鸣器，这对共鸣器几乎充满整个腹腔。正因为这样，蝉的鸣声就远远比其他昆虫洪亮。

此外，蝗虫有时也会发出"嚓——嚓——"的声音，这声音是用后腿摩擦前翅发出来的。

四野的虫声，在初秋最为热闹，随着时间的流逝，到了深秋和初冬，虫声便渐渐沉寂下来。

秋风秋雨愁煞人

秋天，白天晴空万里，朵朵浮云装饰着蔚蓝色的天空；夜间满天星斗，凉风阵阵，不冷也不热，气候十分宜人。然而，这秋高气爽的季节，有时也会阴雨连绵，甚至连续十多天。这，就是白露雨。

下雨是常事。可是，雨是怎样来的？这是现代云雾物理学上一个重要的科学研究课题。下雨要有云。云是天上飘浮着的“湖泊”，含有成千上万吨的水！不过，云里的水却是无数极细小的小水珠。这些小水珠的直径只有 0.01 毫米左右。也就是说，一百颗小水珠排成队，也只有米尺上的一小格——1 毫米那么长。这么小的水珠，轻若鹅毛，它被云朵下面上升的热气流捧托着，不会从天上掉下。只有当云朵里的小水珠变得相当大、相当重时，才落下来，这样就下雨了。

云里又轻又小的水珠，怎样才会变成又重又大的雨点呢？最初，人们以为雨点是由许多小水珠自个儿相互碰撞合并而成的。然而，精确的计算表明，按照这种理论的说法，云里的小水珠起码要经过一昼夜的碰撞、合并，才能下“毛毛雨”。可是，我们常遇到这样的事：有的雨下得快、下得猛，从开始有云到大雨如注，不到一小时，这又怎么解释呢？

1933 年，挪威气象学家贝吉龙提出新的理论：云在高空很冷，温度在 0℃以下，不光有小水珠，而且有小冰晶。在同样的条件下，水珠比冰晶容易蒸发。这样，水珠放出的水蒸气，很快在小冰晶上凝结，于是冰晶不断变大，成了雪花，雪花相并成了雪片，雪片很重，掉下来遇到热空气，便成了雨点。可是，这种下雨理论站不住脚。因为在有的云里，温度在 0 ℃以上，不存在小冰晶，但也能很快地下起大雨来。

我国的气象学家提出了“暖云降水”的新理论。这种新理论认为：在温度高于 0 ℃的暖云里，气流起伏变化很剧烈。起伏着的气流，会迅速使小水滴相互合并，从小变大，形成了雨。为了弄清气流对水滴大小的影响，我国气象学家做了大量研究工作。现在，“暖云降水”理论已引起普遍重视，并在实践中不断得到了印证。

白露雨又叫秋雨，诚如秋瑾所诗：“秋风秋雨愁煞人。”

我国淮河和长江流域一带，每年从白露（9 月 8 日左右）到寒露（10 月 9 日左右）这一个月间降白露雨，这一时节称为白露节。不过，白露雨也不一定都在白露时节降，特别是长江以南的有些地区，常在寒露以后才开始降落。

白露雨究竟是如何形成的呢？原来，秋天，北方寒冷而干燥的空气开始向南“进军”，很快占领了黄河以北的地区，并且步步向南进逼。但是南方正被温暖而潮湿的空气统治着，而且这种空气还保持着相当强的实力。当北方的冷空气步步向南进逼时，两种气流便“打架”了。由于暖空气比冷空气轻，于是暖空气上升，压在冷空气的背上；但当暖空气升到一定高度时，逐渐变冷，容纳水汽的量也越来越少，于是多余的水汽凝集成云。整个空气层下面冷而重，上面暖而轻，重叠的云块便越来越多，越来越密。由于云块是湿热空气的凝结物，包含着许多水汽，所以就连绵不断地下起雨来。

白露雨以前，有时南方的湿热空气势力还十分强劲，天气也很闷热，人们常称这种天气为“秋老虎”；白露雨以后，暖湿的空气被冷干空气“打败”，于是就乖乖地收集“残兵”向南撤退，这时就真正入秋了。

白露雨的时间不长，雨量很适中，对农作物的发育生长很有帮助。因此，白露雨在农业生产中有很重要的意义。

月落乌啼霜满天

露，四季都有，只不过秋天特别多罢了。《礼记·月令》里曾写道：“孟秋之月……凉风至，白露降。”

在古代，人们以为露水是从星星上落下来的，当作宝贝。因此，古代的炼丹家们特别注意收集露水，认为这对于造“点金石”“长寿药”很有帮助。有些人还把露水当成药，以为多喝些露水可以祛病，甚至能延年益寿。所以，一提起露水，总是尊称它为“甘露”，其实呢，露水一点也不甜。

露的真面目在1814年才第一次被人们识破：露，不是从星星上落下来的，而是由大气低层的水汽遇冷凝结成的。

露是这样生成的：白天，大地吸收了阳光的热量，温度比较高。日落西山后，太阳辐射停止，这些热量就重新散发到大气中去。由于热量散发得很快，田野上的温度便下降。温度一下降，大气低层的水汽纷纷附在草、树叶上，并且凝结成细小的水珠——露。

这样看来，露，就是普普通通的水，并不是什么宝贝儿。按照纯度来讲，露水甚至还不如雨水呢。因为雨是在较高的大气层凝结成的，那里灰尘少，所以比露水干净得多。

农业上，露究竟是有益，还是有害呢？

露对庄稼是有好处的。因为露就像雨一样，起着滋润土壤、帮助植物生长的作用。在温带，露不算太多，而在热带，一夜的露可达三四毫米深。有些人以为露水对庄稼有害处，他们举出这样的例子：在山东，每到秋天，枣园里夜间必须在树下烧火防露，否则枣子很容易干落。其实，这是不对的。因为枣子干落，不是因为露，而是因为气温低。至于露呢，只不过是因为气温低而引起的一种自然现象罢了。如果气温降低，就算没有露，枣子也同样干落。农民们在枣园里烧火，能使枣子免于干落，是因为提高了气温。

深秋时节，早晨起来，草地上常常一片白茫茫的，那便是霜。

著名的唐朝诗人张继在《枫桥夜泊》一诗里写道：“月落乌啼霜满天。”这句诗，用简练的七个字，生动地描写清凉如洗、白霜遍地的秋夜景色。霜，成了秋天的代名词。毛主席的《沁园春》里所写的“万类霜天竞自由”，这“霜天”就是秋天的意思。

霜是从哪来的呢？起初，人们也以为是从天降的。其实，霜和露一样，不是从天降，而是大气低层的水蒸气遇冷凝结出来的。不过，有霜时，气温更低，在0 ℃以下。

和露一样，有人也以为霜是危害庄稼的，其实，这也是一种只看现象、不看本质的观点。要知道，危害庄稼的主要“敌人”并不是霜，而是低温！因为霜不过是气温降低到0 ℃以下自然形成的一种产物。

庄稼是怕低温的：谷类作物只能忍耐−8 ℃的短期低温；红薯、棉花、大豆，只能忍耐−5 ℃的低温；玉米、马铃薯只能忍耐−3 ℃的低温；最怕冷的要数一些蔬菜，如黄瓜等，即使是短期的低温也受不了。

霜是气温降低到0 ℃以下的标志。因此，在农业上，人们就常常把秋夜低温所造成的灾害叫作霜冻。

霜，一般在夜里才有，当旭日东升、大地回暖时，它便融化成水珠了。正如一句歇后语所说：“瓦上的霜——见不得太阳。”

4 炉边话冬

千山鸟飞绝

当严冬到来的时候，寒风在田野上呼啸着，虫声沉寂，鸟声断绝，大自然一片萧瑟。正如唐朝诗人柳宗元在《江雪》一诗里所写的那样：“千山鸟飞绝，万径人踪灭。”那么，飞禽走兽，花鸟虫鱼，怎样度过这冷酷的冬天呢？这倒是一个十分有趣的问题。

最有办法的，要算是燕子、鸿雁之类的候鸟了。在寒流到来之前，它们便早早地逃到“避寒胜地”——南方去了。海洋中的鱼类，像黄花鱼、带鱼之类，也都洄游到南方温暖的海域避寒。

能逃的逃了，不能逃的呢？那么，当然就得想办法认真对付寒冷了。

“万物之灵”——人类，在冬天只消多穿几件衣服，便可以对付过去。像兔子、羊、狐狸、熊和松鼠等哺乳动物，则在秋天时就长出了长而密的“冬毛”，同时加厚体内的脂肪层。这样，到了冬天便有备无患了。

有趣的是，像龟、蛙、刺猬、蝙蝠、土拨鼠和食蚁兽等，在冬天竟大睡特睡，实行冬眠，躲在地洞或者树洞里。冬眠时，它们如同昏迷一般，体温降低到几乎连体内的水都要冻结的程度，心脏跳动也极慢。正因为这样，能量消耗很少，使它们可以在整个冬天不饮不食。生物学家曾发现，刺猬在平时一个月不吃东西就会饿死，但冬眠七个月不进食仍能活命。冬眠的动物中，要数刺猬与土拨鼠的睡瘾最大：当刺猬睡着后，用水泼它 20 分钟或者用臭气熏都不醒！土拨鼠睡得更香，打都打不醒！

为了探索动物冬眠的秘密，1977 年 11 月，美国罗切斯特市医院的纳尔逊博士，用两头熊进行实验。他把熊放在一个 0 ℃以下的地窖里，借助示踪原子，研究熊在冬眠中的生理过程。结果发现：熊是利用不断消耗体内脂肪来维持生命的，每昼夜消耗 4000 卡（1 卡＝4.186 焦）热量。它冬眠时的新陈代谢，类似于人挨饿的生理过程。

纳尔逊博士还想进一步探索：熊是分泌出什么激素来控制冬眠过程的？如果找到这种激素，将可以用来治疗人的失眠症以及肥胖症等疾病，甚至还能使人类也通过“人工冬眠”达到延长生命的目的。

像蜻蜓、蝶类和蛾类等，冬天的命运只有一个——死亡。不过，它们在死亡之前，总是留下了自己的后代——卵或蛹。这些卵或蛹，一动不动，躲在泥土深处或者树枝上，安全地度过冬天。在秋末冬初，你到大的榆树枝上瞧瞧，常常可以看见许多灰色的茧子，剥开一看，里头有几百个白色的小圆卵——那是蛾的卵；在苹果树上，你不难在树皮上找到一些丝织的“摇篮”，“摇篮”里睡着蛀虫的蛹；而在白杨树上，你常可以看见有一些枯叶在树上不停地摇曳着，不过，这叶子却不会掉下来，因为叶柄被一缕细丝牢牢地缚在树枝上，就在这枯叶里，沉睡着蝴蝶的幼虫。此外，一些老的卷心菜上，不难找到蚜虫的卵；泥土里，可以挖出蝗虫的卵……昆虫们各得其所，把自己的下一代保存下来。

冬天，大自然虽然是那样萧索、沉寂和寒冷，但动物们有这么多奇妙的应对办法。

动物是这样，那植物又是怎样度过冬天的呢？它们也有奇妙的本领。

霜降之后，许多植物，如白菜、山芋和萝卜等会变甜，那就是对严寒的一种适应。

白菜、山芋和萝卜的细胞里，通常贮藏着很多既不甜也不易溶解于水的淀粉。到了冬天，在细胞内淀粉酶的作用下，淀粉水解了，变成又甜又易溶解的葡萄糖和麦芽糖。霜降后，白菜、山芋和萝卜变甜，就是因为淀粉变成了葡萄糖、麦芽糖。

这种变化，为什么能让它们度过严冬呢？原来，水一旦溶解了其他一些物质后，就变得不太容易结冰了。

要证明这个并不难：严寒的冬天，在一个盘子里倒上清水，在另一个盘子里倒上盐水，然后把两个盘子放到院子里。没多大工夫，可以看到装清水的那个盘子结冰了，而装盐水的盘子没什么变化。

同样道理，当淀粉变成葡萄糖、麦芽糖溶于水后，水就不易冻结。因此，白菜、山芋和萝卜的细胞，在温度不太低的情况下，就不至于被冻坏。

寒潮频频，冬日来临

初冬季节，经常可以看到或听到寒潮南下的紧急天气预报。

寒潮，它诞生于冰天雪地的北极一带。北极是地球上最冷的地方之一，终年极少得到太阳的光和热。到了冬天，北半球受太阳照射的时间很短，气温一般在零下几十摄氏度。当这些干冷的空气越积越多时，便向南边扩张，这就形成了寒潮。

每年，自10月到第二年4月，平均每隔7—10天就有一股冷空气南下。不过强烈的寒潮爆发，每年只有三四次，一般情况下，第一次在农历霜降前后；第二次在农历小雪到大雪之间；立春前后，往往又有一次比较强烈的寒潮产生。

当寒潮南下时，挤走了阻碍它前进的暖空气，往往带来强大的风沙、霜冻和雨雪。寒潮的风力，在大陆上有六七级，在大海及沿海一带可达十级。

寒潮的移动速度是很快的，平均每小时40—45千米。第一天，它的前锋还远在包头一带，第二天可以抵达山东半岛，第三天就能越过长江。有时寒潮遇到高山的阻碍，速度也会减慢些。

当强大的寒潮到来时，气温骤然下降。随着冷空气中心的逼近，天气越来越冷。冷空气所含的水蒸气少，地面的热量大量散发到高空，出现严重的霜冻。寒潮带来的严寒，不仅会冻坏城市自来水的设备，还会冻坏汽车和其他动力机器的水箱，甚至冻死家畜家禽等，给生产生活造成损失。尤其是在农业上，如果事前没有做好预防工作，寒潮能把小麦、蔬菜等农作物冻死。寒潮具有一定的破坏性和危害性，不过，只要我们及时做好预防寒潮的工作，损失是可以减小到最低的。

冰雪纷至方成冬

清晨，当你在雪地上行走时，脚下常常会发出“嚓嚓”的响声。这是千万颗纤细的雪花晶体被踩碎所发出的声音！

雪花，真是花一般美丽。在显微镜下，你可以看到排列得整整齐齐的六角形雪花晶体。早在西汉时期就有“凡草木花多五出，雪花独六出”的记载。雪花的形状，很少有彼此一样的。曾经有一位专门研究雪花的科学家，他拍了4000多张雪花晶体的照片，竟然没有两张是相同的！

雪，是气温降低到0℃以下时，大气中的水蒸气凝结而成的。在－20℃左右凝结成的雪花，大都是针状的，较纤细；而在－15℃左右凝结成的雪花，通常是板状的，比较粗大。温度越低，所结的雪花越小越硬。北极的雪粒，非常坚硬，竟然能够把雪橇的滑雪板划破。据科学家们测定，现在测得的最大的雪花直径约38厘米。唐诗人李白所谓的“燕山雪花大如席”，这话只有文学价值，而在科学上是不成立的。

雪本身的温度并不太低，雪层里的温度常常在－2℃左右，而雪层上面的空气温度却会冷到－25℃左右。小说《林海雪原》里，曾经写到杨子荣深夜在林海雪原里筑个小雪屋睡觉，便是这个道理。欧洲北部的因纽特人，也常常住在雪筑的屋子里。

世界上除了白雪之外，还有红雪、黄雪、绿雪、褐雪和黑雪等彩色的雪。原来这些彩色的雪是由一种有颜色的低级植物藻类在雪地里大量繁殖所染成的；有时则是暴风把这些藻类从地面刮到高空，和雪片相遇，黏在雪片上一起飘落下来而形成的。

冰有粒状、柱状、块状、针状等。水是无色透明的，冰也是无色透明的。雪之所以是白皑皑的，是由于它的晶体很小，排列得非常杂乱，中间夹着许多空气，光线通过要经过非常复杂的折射，结果雪变成不透明的白色。如果把雪进行压缩，可以得到无色透明的冰块。

由于冰不善于传热，所以无论天气怎样冷，河底总还是水，而不是全部结冰。一般的河冰不太厚。而东北比较冷，松花江上的冰层厚度可达两米以上，并且将近半年不化，不光是人可以在河面上走，连载重汽车也能行驶。

有趣的是，水结成冰时，体积膨胀，大约增加9%。因为水在4℃时，密度最大，体积最小，再冷下去，体积便变大，结冰后，体积变得更大了。在加拿大魁比克，有个军官曾经做了这样一个实验：往两个直径 35 厘米的大炸弹空壳里装满水，上面再用铁塞子塞紧。结果，当水结成冰以后，体积膨胀，一个炮弹的铁塞被射到几十米以外，而且还在炸弹壳口上挤出一根半米多长的冰柱。而另一个炮弹由于铁塞塞得非常紧，虽然塞子没有被射出来，但是铁壳被胀破了，胀破的地方，漏出一道冰环！

冰还有一个有趣的性质：当它受到压力时，受压的部分便会融化成水。正因为这样，人们在冬天才能溜冰——冰刀压在冰上，使冰融化成水，减少了摩擦力，才使人们能迅速前进。也正因为这样，当积雪的山头有一块积雪滚下时，便会轻而易举地带动其他许多冰块、积雪向下滚，造成声势浩大的雪崩。

雪和冰是多么平常，然而，却有着这样许多奇妙的“脾气”。

金属也怕冷

一看这题目，也许你会感到奇怪：严冬，人怕冷，动物怕冷，庄稼怕冷，难道连金属也怕冷吗？金属真的也怕冷哩！

100 多年前，曾经发生过这样一件事：俄国圣彼得堡的军装仓库里，几天之间，忽然所有军装的锡纽扣都布满了黑斑。没多久，一个个锡纽扣全都“粉身碎骨”——变成一团灰色的粉末。

这是谁在捣蛋？俄皇知道了这件事，大发雷霆，立即把负责监制军服的大臣找来，勒令他把“罪魁祸首”找出来。

这位大臣在军装仓库里虽然仔仔细细地查了好几遍，但是，始终没有发现什么破绽。他双眉紧锁，一筹莫展。后来，还是一位科学家给他帮了忙：这位科学家和他一起去见俄皇，说是把“罪魁祸首”找到了。

俄皇听了非常高兴，便要那位科学家把“罪魁祸首”交出来。科学家并不急于交人，而是先给俄皇做了一个实验：他请求俄皇给他一点锡，俄皇给了他一个锡盘。科学家把锡盘搁在皇宫院子里露天的一条石凳上。过了几天，科学家再请俄皇把这个锡盘子拿起来，这时，奇怪的事情发生了——当俄皇用手去拿锡盘时，锡盘顿时变成了粉末。

这位科学家对俄皇说：“您要捉拿的‘罪魁祸首’就是严寒！”

这是怎么回事呢？原来锡是怕冷的！当它一遇到低温，晶体结构便改变了——整块的锡就变成了粉末状锡。人们便把锡的这种“疾病”叫作“锡疫”。

当你把一根锡条弯曲时，侧耳一听，常常可以听到一阵嚓嚓声，这是因为普通的白锡，是由一些立方形的锡晶体组成的。一弯曲，白锡晶体之间便相互摩擦，发出嚓嚓声。

平常，白锡的晶体结构是稳定的。但是，如果温度低于 13 ℃，那么，锡晶体中的原子便会重新排列，白锡便逐渐转变成粉末状的另一种锡——灰锡。一把锡酒壶一旦全变成了灰锡，那么，它不再是一把酒壶了，而是一堆煤灰似的粉末！

在温度稍低于 13 ℃时，白锡转变为灰锡的速度并不很快，所以你家的锡酒壶在冬天依然还是老样子，并没有变成一堆锡粉。但是，随着温度的降低，白锡转变成灰锡的速度急剧增加。－33 ℃时，这种转变会达到最高点，一块白锡没一会儿便全都变成了灰锡。1912 年，一支南极探险队，到了南极后，由于装汽油的铁箱都是用锡焊的，结果焊锡都变成了灰锡，铁箱四分五裂，汽油全都漏光，整个探险队都不幸遇难。

“锡疫”还是一种“传染病”哩！如果把患有“锡疫”的锡器和“健康”的锡器相接触，那么，“健康”的锡器也会很快地染上“锡疫”。因为少量灰锡的存在，会促进白锡向灰锡的转化。

在博物馆里，我们可以看见有些古代遗留下来的锡器和锡质奖章表面有许多斑点，那就是灰锡。

锡也怕热。在 161 ℃以上，白锡又会转变成另一种锡。这种锡很脆，当你把它加热到 200 ℃左右时，很容易把它磨成细的粉末。

你家有锡壶、锡烛台吗？见过工厂的锡管、锡焊条、锡反应罐吗？如果有，最好把它们保存在室内比较温暖的地方，以防“锡疫”危害。

除了锡怕冷以外，常常被诗人称颂“无比坚强”的钢铁，居然也怕冷哩。

1938 年，比利时的哈塞尔特城，先后发生了两次钢桥在严寒中坍塌事故。这两座桥都是崭新的，建成才一两年。

1951 年，加拿大魁北克的一座钢桥，在气温低于－35 ℃的一天也坍塌了——尽管人们在事前曾对它进行了仔细的检查，认为是一座没有毛病的桥。

在平常的温度之下，钢铁的确是很“坚强”的。然而，在低温条件下，钢的结晶会变得松散，钢的韧性和弹性大大降低而变得很脆，一旦受到一定外力的作用，便受不了。上面说的那几座桥的坍塌，就是这个缘故。

其他的金属，如铝、镁等，在低温下也会变脆。唯一例外的是铜，它在低温及至超低温时，依然保持良好的机械性能。因此，不论是装液态空气的桶还是超低温设备，都常常用铜来制造。

煤炉里的“敌人”

冬天，为了御寒，人们总是在房间里生起煤炉、炭盆。然而，一个看不见的敌人，却常常从煤炉、炭盆里窜出来，去袭击那些麻痹大意的人。

这个看不见的敌人，就是一氧化碳。一氧化碳是一种无色、无味而有剧毒的气体。

俗话说：“雁过留声，人去留名。”一氧化碳可不讲这一套，它来时无声，去时无息，专干那些见不得人的“勾当”。隐藏的“敌人”比公开的“敌人”更危险。一氧化碳中毒，不能不引起我们每一个人的注意。

一氧化碳是从哪儿来的呢？围着火盆烤火的时候，常常会看到这样的现象：浅蓝色的火苗在煤层上跳跃、欢笑。这就是一氧化碳在燃烧！因为一氧化碳的火焰是蓝色的。平常，煤燃烧并不会产生很多一氧化碳，只有在空气不足时才会大量产生。

严冬，寒风呼啸着，有些人最爱把门户关得死死的。这样，寒风虽然被挡住了，但是，却给一氧化碳大开方便之门：烧着，烧着，房间里的氧气越来越少，一氧化碳就在煤炉里大量地产生了。

有的人把烟囱口对着风口，结果烟囱“大喝西北风”，风从烟囱中倒灌；还有的人只管生炉子，不管通烟囱，连烟囱堵塞了也不知道。所有这些，都容易导致一氧化碳中毒。

一氧化碳是剧毒的气体：当空气中的一氧化碳含量达到0.1%—0.2%时，就会使人中毒！人会感到头痛、呕吐、恶心、心跳加快、耳鸣、呼吸困难、四肢无力等。继之，便是昏迷、痉挛，最后会造成死亡。

一氧化碳为什么会使人中毒呢？血管，是人体内的“铁道”，血液，就像一节节连绵不断的列车，运送着氧气和养料，同时运走二氧化碳和废物。

但是，一氧化碳一旦被人吸入，它就和血液里的血红蛋白结合成碳氧血红蛋白，“列车”就不再输送氧气了。鱼离不了水，人离不开氧气。没有氧气，人当然活不下去。

既然一氧化碳中毒是由于煤在炉子里燃烧时氧气供给不足而引起的，那么，预防一氧化碳中毒，就应该对症下药：不生炉子，用暖气管代替煤炉，消灭产生煤气的“大本营”，这自然是最干脆不过了。但是，许多地方，现在还没条件装暖气管，仍然要生炉子，那么，就应该注意别把门户全关死；睡觉时不要生炉子；烟囱别对着风口，要经常疏通；炉子里的煤不能一下子塞得太满、太紧。

一些使用煤气的工厂、用户，那就更得注意了，要经常检查煤气管是否漏气。现在，不少煤气厂常在制成的煤气中混入少量极臭的气体——硫醇。这样，哪儿漏煤气，哪儿就有臭味，使人们很容易发觉。

一旦发生了一氧化碳中毒，不要着慌，首先要把门窗打开，把中毒者抬到空气新鲜的地方去，进行人工呼吸，因为新鲜空气是一氧化碳中毒最好的解毒剂。如果再弄些热茶给中毒者喝，用热毛巾摩擦其四肢，加强其血液循环，那就更好一些。另外，让中毒者短时间内呼吸点氨水的蒸气，也是有益的。至于情况严重的，应该立即请医生来急救。

严冬的脚步声已经响了，让我们提高警惕，把一氧化碳中毒消灭在发生之前。

从肉冻谈起

严冬，当寒暑表的水银柱下降到 0 ℃以下时，河水结冰了，但是，肉汤、鱼汤在 0 ℃以上就能结成肉冻、鱼冻。这些东西为什么那么容易结冻呢？原来，肉汤、鱼汤之所以结成冻，不光与温度有关，还与肉汤、鱼汤中发生的化学变化有关。

如果拿一点猪肉或鱼肉放在显微镜下观察，你便会发现：它们像一捆捆甘蔗似的——由蛋白质纤维组成。纤维束与纤维束之间有结缔组织。结缔组织像一条链子似的，把这些纤维束紧紧地连在一起。

结缔组织主要由韧带质与生胶质组成，它们都是蛋白质。当你用小火慢慢地炖肉汤、鱼汤时，韧带质没什么变化，而生胶质却与水发生了化学作用——水解成了动物胶。

热的时候，动物胶能够溶解在水里，成胶体溶液。但是，温度一降低，它的分子就结合成许多条长链，而长链又相互交错结成网——立体的、骨架般的网。网眼间充满着稀薄的胶液——这便是胶冻。据试验，1千克水中，只消有5‰的动物胶，便能结成胶冻了。不过，它得经过几天才冻成。如果动物胶的浓度增加到10%，那么，只消几分钟就冻成了。动物胶的营养价值很高，如果炖得更久些，它还会继续与水反应，进一步水解成氨基酸，使肉、鱼的味道更鲜。

水果、蔬菜里，也有一种胶质，叫作植物胶。它是用来连接各个细胞的。加热时，细胞膜破裂了，植物胶也跑到水里去了。

水果中，植物胶最多的要数山楂了。山楂汤不仅在冬天会结冻，在夏天也能结冻变成山楂糕。蔬菜中，自然要算石花菜最有名了。石花菜是生活在海底岩石上的一种红藻，它体内含有大量的胶质，人们用它制成柔滑的冰块——琼胶（俗名叫洋菜）。据计算，每50千克石花菜就可制取13—14千克琼胶。琼胶与肉冻、鱼冻很像。夏天，加进糖、醋之类调味品的琼胶，还是消暑佳品。另外，有些果子含胶较少，虽然不能结成块状，但仍然结成酱，例如梅酱、苹果酱等。

自然界里，不仅有像肉汤、鱼汤之类遇冷结冻的，也有遇热结冻的物质。一些水溶性蛋白质，像鸡蛋白、动物血等放在锅里一加热就凝固成块。有趣的是，除了死胶冻以外，还有活胶冻呢！如生活在海里的水母，体内只有1%的干燥物质，其余都是水，这便是一个全身透明的活胶冻。

在肉冻的启发下，人们已经利用化学方法，人工地制造出各种“冻”来。

汽油冻就是一个成功的例子。最初，人们发现在汽油中加入橡胶和镁粉，能够促使它凝固；后来，又发现一些脂肪酸的铝盐也具有同样的作用。现在使用最普遍的汽油凝固剂，是由50%的椰子油酸和25%的环烷酸组成的。这种凝固剂是浅灰色的粉末，看上去像粗糙的洗衣粉。汽油凝固剂具有奇妙的作用：常温下，把它掺进汽油，搅拌一昼夜，汽油会被凝成肉冻一样的汽油冻。温度越高，凝固速度越快：35 ℃以上时，凝固很快，只消几小时，但凝得不够均匀。10 ℃以下时，凝固较慢，凝固后的汽油呈粉红色或浅褐色。

汽油具有易燃性和流动性，给石油工业带来了许多麻烦，同时给运输和贮存增添了不少困难。汽油冻的制成，有力地推动了炼油业和运输业的发展。

不仅汽油如此，人们还发现：如果在酒精中加入少量的醋酸钙饱和溶液，不断地进行搅拌，它会凝成酒精冻。

汽油冻和酒精冻相比液态的汽油和酒精，除了在运输和贮存上更方便，在使用上也较便利。

汽油冻在军事上也很重要。因为它是凝胶状的，不易流散，容易黏固在敌人的衣服、碉堡、坦克、大炮上。因此，人们早就把汽油冻装在炸弹、炮弹、火焰喷射器以及地雷里作为武器了。

冬日可爱

太阳，是地球慈爱的母亲，她毫不吝惜地给了我们光明和温暖。

然而，一年四季中，唯有冬天的太阳最令人喜爱：冬天，一则天气寒冷；二则太阳从直射变为斜射，阳光的强度大抵只有夏天的六分之一，晒在身上暖洋洋的。

晒太阳，究竟有哪些好处呢？如果只是说，晒太阳是为了取暖，那可就太“冤枉”太阳了——照这么说，太阳的作用只是和煤炉差不多。其实，晒太阳的好处可多哩！

人们常把晒太阳称为“日光浴”，这是个恰如其分的说法。人晒了一会儿太阳，就像洗了个澡一样，可以刺激神经末梢，促进血液循环，提高呼吸系统、消化系统的功能，加快新陈代谢的进行，同时，还可以提高皮肤的抵抗能力。工人、农民们经常在阳光下工作，皮肤黝黑——这是健康的象征。

阳光，又是不花钱的“鱼肝油”。这话怎么说呢？因为在阳光（紫外线）的照射下，我们皮肤中的一种物质——胆固醇，会转变成维生素 D。维生素 D 是人们正常发育中不可缺少的东西，它能促进人体对钙、磷的吸收，使我们的牙齿和骨头长得既结实又健康。人如果缺少维生素 D，将会患佝偻病。鱼肝油里，含有不少维生素 D，因此把阳光比喻成“不花钱的鱼肝油”，并不夸张。

英国有这样一句谚语：“阳光照不到的地方，则医生常到。”这话不错。阳光照不到的地方，阴暗而又潮湿，正是病菌求之不得的“立足之地”。据试验，结核病菌在阴暗的墙壁上，可以八九个月不死！不仅不死，反而一生二，二生四地传宗接代，子孙满堂。这样的地方，医生能不常去吗？阳光中有杀菌的紫外线。中午的阳光，只消两三小时，便能杀死结核菌。因此，人们常把被褥、衣服拿到阳光下去晒晒，可以起到消毒杀菌的作用。医院里，还常常设有紫外线理疗室，专门用紫外线来医治癣、癞之类的皮肤病。

冬日晒太阳既然有那么多好处，那么，整天都跑去晒太阳好不好呢？

那自然不好。晒太阳，也有许多讲究。

俗话说："物极必反。"晒太阳也一样，如果晒得时间太长，不仅没有益处，反而对身体有害。曾经有人闹过这样的笑话：他只是从朋友那里听了点晒太阳很有益处之类的话，便在夏天的中午躺在阳台上晒。结果，第二天便生了一场病。一般来说，冬天晒太阳，最好是在上午7—10时或者下午3时以后，这时候阳光很温和，宜于进行日光浴。中午或者午后，阳光太强烈，不太适宜进行日光浴。日光浴的地点，最好在海滨、湖畔、河边、庭院、草地和树旁，这些地方空气新鲜而潮润。

初次进行日光浴时，时间不宜过长——四五分钟就够了；然后，再一天天逐渐延长时间，最后可达四五十分钟。晒的时候，应使身体的四面——前身、右侧、后身、左侧，都轮流晒到阳光。为了防止眼睛过度受刺激，最好戴上有色眼镜。

也有的人怕冷，常常是坐在室内透过玻璃窗进行日光浴。其实，这样的"日光浴"和围着火盆烤火差不多。因为普通的窗玻璃，大都含有一点二价铁，因此呈浅绿色。这些浅绿色的玻璃能强烈地吸收紫外线。这样，既得不到那"不花钱的鱼肝油"，也没法借阳光来消毒、杀菌。矿区的工人们，由于长期在地下工作，很少晒到太阳，所以下班后，总是要在太阳灯下进行日光浴。那太阳灯，实际上就是一个紫外线发射器。这种灯的玻璃，不是普通的玻璃，而是石英玻璃，因为紫外线能很好地透过石英玻璃。当然，如果你的窗户装上石英玻璃，在室内进行日光浴也是很好的。

最后，应该强调：进展期的肺结核病人、发高烧和其他病人，不宜进行日光浴。

寒冷与卫生

在冬天，稍微不注意增添衣服，大自然就会无情地给你的鼻子贴上“封条”——感冒啦；耳朵、手、脚一受冻，没多久便长“红馒头”——生冻疮了。唉！夏天可就没这么多的麻烦。

为什么冬天易犯感冒，生冻疮？首先让我们看看感冒和冻疮究竟是怎么回事，再来谈谈怎样预防冬天最常见的这两种疾病。

先说感冒。感冒也叫伤风，它是一种非常普遍的疾病。对于它的症状，谁都很熟悉，但是，对于它的病因，并非每人都能说清楚。感冒是一种由滤过性病毒引起的传染病。正因为它是传染病，所以，当患者打喷嚏、吐痰时，病菌就经空气传播而起“连锁反应”——使周围更多的人得病。我们的呼吸系统，是由鼻、咽、喉、气管、支气管和肺内各级气管组成的。平常，空气中总是有许多“小流浪汉”——灰尘在东飘西荡。为了防止这些“不速之客”进入肺部，呼吸道专门设下两道关卡：第一道是鼻毛，这些乱七八糟生长在鼻腔里的“草”，像一个筛子，拦住了灰尘的去路；第二道是鼻腔黏膜分泌出来的糨糊般的东西——鼻涕，它能逮住第一道关卡的“漏网敌人”——灰尘。平时，虽然鼻腔黏膜经常分泌鼻涕，但是量并不多。然而，一旦有滤过性病毒侵入，鼻腔黏膜便会发炎，引起毛细管扩张、组织肿胀，鼻涕量就迅速增加。于是，鼻子便给贴上了“大封条”——此路不通。

感冒，是一年四季都可能出现的，但在冬天更为常见。分析起来，大抵有两种原因：第一，由于冬天天气冷，人们喜欢待在室内，很少接触阳光和新鲜空气，更重要的是，有的人很少甚至不进行体育锻炼，所以，身体抵抗力减弱；第二，初冬天气骤冷，人们一下子从暖烘烘的室内走到滴水成冰的室外，由于气温急剧变化而引起呼吸道的血管突然收缩，黏膜血液循环受影响，而导致呼吸道的防卫能力减弱。

再谈冻疮。冻疮也是众所周知的疾病。最容易生冻疮的地方，不外乎耳、手、脚。为什么没听说过胸部、腹部也生冻疮呢？这是因为生冻疮的根本原因，是由于血流不畅。血管，是人体内的“铁道”；血液，是人体内的“运输工人”。各组织细胞的养分、氧气，靠血液来运送；而细胞中的废物——二氧化碳，也要靠血液运走。冬天，耳、手、脚——这些远离心脏的“边疆”，本来血流就比较慢，况且这些地方又暴露在外边，直接受到低温的袭击。受冻后，皮下微血管收缩、血流不畅。因此，组织就发生严重的缺血缺氧。这种状况持续一段时间，组织就积血、肿胀，以至破溃成疮——这就是冻疮。

冻疮，常常经过这样的“四部曲”：红、痛、痒、烂。这“四部曲”是渐进的：因红而引起疼，由疼而转为痒，因痒而抓，一抓即破。冻疮一旦破了，好起来便很慢，因为这些受伤部位本来养分和氧气供给就不足，要拆旧换新，当然不容易。还值得提醒的是，这些溃烂过的地方，第二年如果不注意及早预防，还会继续再长冻疮哩。

有人说：“冬天得感冒和冻疮是‘家常便饭’，不用吃药也会好，算不了什么。”当然，感冒和冻疮并不像霍乱、白喉那样可怕，然而，它常常是其他疾病的温床！得了感冒，就会大大削弱机体的抵抗力，导致继发支气管炎、肺炎，甚至肺结核；冻疮，也容易引起细菌侵入，引起各种炎症。因此，要给予足够的重视。

“预防为主，治疗为辅。”这是我们对疾病的“作战”方针。预防感冒，我们应该注意随时按天气的冷热增减衣服；经常开窗，保持空气新鲜；到公共场所去，要戴上口罩，以防传染。预防冻疮，主要是注意保暖，外出时应该戴手套，穿袜子、棉鞋，戴上有耳朵套的棉帽。

得了感冒后，首先应注意隔离，防止病菌扩散。同时要请医服药，也要注意保暖和劳逸结合。得了冻疮后，不要用热水洗脚（可用冷水或温水），红肿处经常用手按摩，并以10%的樟脑酒精溶液涂搽。其次，用生姜切片摩擦患部，也有一定的疗效。

最根本、最积极的预防措施是体育锻炼！冬天进行体育锻炼，只要做好准备，例如做好预备运动，运动后注意保暖，等等，不仅能取暖保温，而且能加强血液循环，促进新陈代谢，提高机体对感冒、冻疮等疾病的抵抗力。同时，体育锻炼也可锻炼意志，培养不畏艰苦、坚忍不拔的毅力。

冬天进行的体育锻炼，小孩们可以跳绳、拍球等；年轻人可以打篮球、排球，长跑；中年人可以做广播操；老年人可以打太极拳。另外，经常晒太阳，也是冬天健身的好办法。

皮肤的“卫兵”

冬天，北方的寒流，浩浩荡荡地南下了。它给大地带来了寒冷与干燥：寒暑表里的水银柱，降到零摄氏度以下；树上的叶子由绿变黄，飘落一地。

为了御寒，人们穿上了棉衣；为了抵抗干燥，人们给皮肤涂上保护层——甘油。甘油，谁都认得它：无色、油状的液体。但是，甘油的真面目并非如此：纯净的甘油是白色的晶体！它在17 ℃时熔化。普通的甘油因为含有一些水分或杂质，变得不易凝固，也就外貌全非了。

甘油，的确名副其实，它很甜。据试验，这与它的分子结构有关：由一个氢原子与一个氧原子构成的基团，在化学上叫作羟基（—OH）。一般来说，一种物质含羟基越多就越甜。请看：水分子只含一个羟基，故淡而无味。乙二醇含两个羟基，甜不甜呢？一听它的俗名就知道——甜醇。甘油是乙二醇的“哥哥”，学名叫丙三醇，因为它含有三个羟基，自然很甜。至于我们吃的糖果，那就含有更多的羟基了。

甘油，是皮肤的“卫兵”。因为它不仅能防止皮肤水分被寒流夺去，而且还能从寒流中夺来水分，使皮肤润泽。不过，擦甘油也不是件简单的事，得摸透甘油的“脾气”：浓的甘油，吸水性太强，它一面从空气中吸收水分，一面也毫不客气地把皮肤中的水分吸走。

要是甘油太稀了，那同涂了水一样，一会儿全没了。通常，以含水20％的甘油为宜。在自然界里，甘油很普遍，它主要“住”在油脂（甘油与高级脂肪酸作用生成）的分子中。人类认识甘油很晚，1779 年才第一次从橄榄油中制得。后来，人们用油脂做原料制甘油：把油脂与碱一起放在锅中煮，油脂水解便得甘油。锅里剩下的东西，就是我们的“老朋友”——肥皂，即只消往锅里倒些食盐，肥皂就会像豆腐一样凝聚出来。不过，从油脂中提取甘油成本较高。人们又发明了人造甘油：利用石油废气丙烯或糖类发酵来制取。

甘油的主要用途是制造炸药：与硝酸作用生成烈性炸药——硝化甘油（硝酸甘油酯）。说来也怪，硝化甘油本是个“脾气”极其暴躁的家伙，稍一震动，便要大发雷霆——爆炸。可是，人们最初制得它的稀溶液却是用来治病——它具有扩张血管、降低血压的功效，常用以治疗心脏病。

人们发现硝化甘油可作炸药后，费了好大劲儿，才驯服这匹“烈马”：把它吸收在硅藻土里，使它变得“听话”起来，受震动时不炸，引爆时才爆炸。由于爆炸时硝化甘油的分子被“打碎”而全部变成气体，加上放出大量的热，爆炸力就非常强。据计算，爆炸时它的体积突然增大，猛烈的气浪可以摧毁巨大的山岩，所以可用来开矿、挖隧道、开渠或作武器。

甘油还有其他用途：因为它具有吸湿性，又不易挥发，所以一些皮革、油墨中，都不同程度地加入甘油，以保持柔软润泽。牙膏、糕饼中，也常加入甘油，使得它们又甜又湿润可口。

从 1779 年第一次制得甘油以来，甘油工业已经大大发展了。如果今后能发明低廉的人造甘油新方法，那么，它将为人造油脂开辟道路。

穿衣的科学

严冬，朔风凛冽，寒风刺骨。每当外出，总要多穿上几件衣服。

为什么要多穿些衣服呢？

“衣服使人温暖嘛。”也许，你顺口就这样回答。

不！不是衣服使人温暖，恰恰相反，是人使衣服温暖。衣服并不暖：夏天，如果你用棉衣把冰棒包起来，隔了几个钟头打开一看，冰棒照样还是冰棒，并没有融化成水！这就足以说明衣服并不是温暖的。

衣服的作用，只是在于——绝热。可不是吗？我们的体温总是保持在37 ℃左右，身体像个热烘烘的炉子，而冬天的气候寒冷，气温经常在0 ℃以下。俗话说：“水往低处流。”热量也一样，它会自动地从温度高的地方流向温度低的地方。冬天，既然体温高于气温，那么，身体就会不断地向周围散发热量。光着身子，被寒风一吹，便会冷得上下牙齿直打战，就是因为身体的热量散发得太厉害了，以致肌肉不得不通过急剧的抽搐来加速血液循环，维持体温。

穿上衣服，就等于在热烘烘的人体和周围冷冰冰的空气之间砌上了一层墙，身体的热量保住了。因此，人体才会感到暖和。

准确来讲，衣服之所以能够绝热，主要不是衣服本身，而是衣服与衣服间的空气在起作用！空气的传热本领非常差，当你穿了三件衣服时，三件衣服间就有了两层固定的空气。这些空气起了固定热量的作用，空气层数越多，保暖性能就越好。正因为这样，穿三件衬衫要比穿一件三倍厚的衬衫暖和，也正因为这样，棉衣、毛线衣、皮袄比单衣暖——棉花、羊毛、毛皮更疏松，纤维间包藏着不少空气呢。

懂得穿衣服的道理以后，你就会知道怎样穿衣服才算最好——最使人暖和：

第一，衣服一定要贴身。衣服使人暖和，主要在于衣服间的空气，不过，这些空气只有不流动才行。因为一旦空气流动，冷热空气就形成对流，同样会使热量散失。所以，只有衣服贴身，才能更好地保存热量。可不是吗？光着身子穿上一件晃晃荡荡的大棉衣，照样会冻得你上下牙齿咯咯打架。因此，各层衣服，特别是内衣更要合体。棉大衣和内衣之间，同样不能大小悬殊。另外，袖口、领口、裤脚这些“关口”都必须“把紧”，不要让冷空气“钻空子”。

第二，棉衣、毛线衣、皮袄要保持松软。棉衣、毛线衣、皮袄越是松软，棉花、羊毛、皮毛中所包藏的空气越多，绝热性能就越好，穿起来格外暖和。冬天，最好常常把棉衣、毛线衣、皮袄拿出去晒晒太阳：一则受热后，所包藏的空气膨胀，会把它们变得松软些，二则阳光中的紫外线可以杀菌消毒。

第三，要顾及全身。人，是一个统一的整体，“牵一发而动全身”，一处挨冻，全身发冷。有些人上身里面穿了秋衣、毛线衣，外面还穿了棉背心、棉大衣、皮猴儿，而下身呢？只穿一条单裤。这样，照样还是浑身冷飕飕的。穿衣服，一定要顾及全身，“全身一盘棋”才行。另外，像手、耳朵、脚这些地方，最易受冻，甚至生冻疮，要特别注意防护：戴上手套、帽子，穿上棉鞋。

第四，要随着气温的变化，适当地增减衣服。驾船得看风使舵，穿衣服也得看天气的冷热而随时适当地增减。穿得太多，不仅臃肿得像个“皮球”，行动不方便，而且会减弱人体对寒冷的适应和抵抗能力。穿得太少，当然也不好，这样会使体内热量散发过多，因而会受冻得病。有的人衣服穿上去了，就不想脱下来；脱下来了，就懒得再穿上去。这都是不好的习惯。至于春天和秋天，正如谚语所说：“春捂秋冻。”春天天气变化多端，穿衣服应稍多一点，也就是“捂”一点才好；秋天的天气逐渐变冷，不可一下子穿得太多，应该“冻”一点才好，这样可以增强身体对寒冷的抵抗力，否则在秋天就把冬天的衣服都穿上了，到了冬天便无衣可加了。

第五，要勤换勤洗。衣服是皮肤的“邻居”。冬天，虽然不像夏天那样汗流浃背，但是，每天也有400—600毫升的水分从皮肤上蒸发掉，并且汗腺还要排泄出许多脏东西。衣服和这么一位“脏邻居”住在一起，自然是脏一点，如果不注意换洗，衣服纤维就会硬结，甚至引起微生物滋生。一般来说，冬天的衣服，一个星期至少应该换洗一次，而夏天则应该天天换洗。

穿衣服，虽然是日常生活小事，可也充满着科学道理，也有很多值得注意的地方哩。

迎着朔风溜冰去

溜冰是冬天最合时令的运动之一，正如春天的春游，夏天的游泳，秋天的登高一样。

溜冰，在我国已有1000年的历史了。古代人们称溜冰为冰戏，早在《宋史·礼志》中便有关于作冰戏的记载。明朝，溜冰运动有了进一步发展。到了清朝，更是盛极一时。那时，溜冰不仅是一项娱乐活动，而且还是清政府训练士卒的一个基本项目，每年还由皇帝亲自检阅。

古时候溜冰，除了比赛速度和表演技巧外，也有有趣的冰球游戏。《帝京岁时纪胜》中说："金海冰上作蹙鞠之戏，每队数十人，各有统领，分位而立……群起而争之，以得者为胜，或此队之人将得，则彼队之人蹴之令远。"可见，溜冰运动在我国不仅历史悠久，而且还有着丰富多彩的项目。

今天，溜冰运动更是博得成千上万人的喜爱。严冬，在千里冰封、万里雪飘的北方，在平滑如镜的溜冰场上，人们自由地滑行：有的喜欢风驰电掣的速度滑冰；有的喜欢多姿多态的花样滑冰；还有的喜欢紧张激烈的冰球运动。溜冰，的确是一种有趣的群众性的体育运动。

曾经有人这样想：玻璃不是与冰一样光滑吗？能不能用玻璃造一个溜冰场呢？可是，这样的想法却不能实现。因为，人们之所以能在冰上滑行，不光是由于冰面光滑，摩擦力小；主要是由于滑冰时，冰与冰鞋上的冰刀相接触的地方，受到冰刀的压力，融化成水；另外，由于冰刀与冰激烈摩擦而产生了热，也使表面的冰融化为一层薄薄的水。这层水就像润滑油一样，在冰面与冰刀之间起着润滑作用，使冰面对冰刀的阻力大大减少，于是就很容易滑动。

溜冰，是对身体很有好处的一项体育运动。

冬天以寒冷著称。在这样的环境下，机体由于长期受到冷空气的刺激，对环境自然产生一种适应性，表现为抗寒能力加强。更重要的是，由于溜冰的运动量大，长期坚持锻炼，不仅能提高人的身体素质，也能增强机体对疾病的抵抗力。有些人一到冬天就易患伤风感冒。可是，经过长期的溜冰锻炼，可以有效抵抗这种疾病。

溜冰，也锻炼了身体的稳定性和平衡能力。因为溜冰并不是简单的冰上滑行，还要进行滑跑、转动、跳跃等变化多端的动作。而在进行每一个细小动作时，身体必须保持平衡，否则，不要说进行各种动作，就连挪动一步，也有困难。因此，多种多样的溜冰运动锻炼，能促进人体平衡器官的调节功能发展。

溜冰，还能提高灵敏性。因为冰上运动的花样很多，人们在光滑的冰面上，既要保持平衡，又要进行各式各样的高难度动作，经过长期锻炼，就能提高大脑的反应能力和动作的准确度。像冰球运动，它是球类技术和溜冰技术相结合的运动，运动速度快、多变而又复杂。

溜冰运动量很大，消耗能量多，对加强血液循环、增加肺活量、促进新陈代谢都有很多好处。同时对促进肌肉，特别是腿部、臀部肌肉的发育更有好处。

此外，经常参加溜冰运动，还能培养勇敢、顽强的品格和不怕困难、敢于斗争的精神。

溜冰，是一项很好的体育活动。在严寒的冬天，在工作之余，我们溜冰去！

冬小麦的“脾气”

1957年，我国考古学家们在安徽亳县（今亳州市）地下，挖出了一些尖尖的、圆圆的小炭粒。这些小炭粒究竟是什么呢？考古学家们经过认真鉴定，最后才弄清楚它们不平凡的来历：它们是新石器时代的麦粒！由于在地底下埋了四五千年，这些麦粒才变成了炭粒。这一发现说明：我国在四五千年前，便开始种植小麦了。此外，人们在3000多年前的殷朝甲骨文中，也常看到“麦”字或者“来”字（麦在古代又称来）；春秋时代的《诗经》里也时常提到小麦。

这些都说明我国种植小麦有悠久的历史。

在国外，最早种植小麦的国家是埃及。考古学家们在埃及金字塔里的木乃伊旁边，找到一些麦粒，这些麦粒被称为木乃伊麦粒。据考证，这些木乃伊麦粒大约有5000年的历史。

在我国，北起黑龙江，南到海南岛，西到帕米尔高原，东到沿海一带，都普遍种植小麦。在我国，小麦是仅次于水稻的主要粮食作物。

小麦分两种：冬小麦和春小麦。冬小麦是秋末冬初播种，第二年夏初收获；春小麦是春天播种，夏末收获。冬小麦和春小麦虽然都是小麦，“脾气”可大不一样：如果冬小麦在春天播种，那么，在整个夏天它只是分蘖，连一个麦穗也不结！如果春小麦在冬天播种，那么，它将被冻死在田野上，当然更谈不上分蘖和结穗了。

冬小麦和春小麦脾气之所以不同，这是几千年来逐渐形成的。冬小麦年年在秋末冬初播种，到了冬天，它便停止生长，进入冬眠。然而，它在冬天到来之前，早就在根和地下茎里贮藏了不少养料。这样，一到次年春天，天气一变暖，它便从冬眠中醒过来，利用体内的那点“存货”，迅速地长出新叶。年年如此，久而久之，冬小麦便形成一个怪脾气——幼苗非要在 0—5 ℃范围内生活一个多月不可。春小麦呢？它年年在春天播种，没有和严冬打过交道，便形成一个怪脾气——怕冷。因此一旦改在冬天播种，便会冻死。

不过，话也得说回来：冬小麦的幼苗虽然必须“冻”一下才会抽穗，但是，这并不等于说它不怕“冻”——冬小麦的幼苗，经受不了－12 ℃的低温。正因为这样，我国的冬小麦，大部分是种植在长城以南的地方。因为长城以北的很多地方，冬天的气温有时降到零下十几摄氏度甚至零下二十几摄氏度，冬小麦播下去就会被冻死。因此，那里不能种冬小麦。然而，冬小麦的产量要比春小麦高，因此，在长城以北可以种冬小麦的地方，都尽量种冬小麦，而不种春小麦。

难道冬小麦真的不能在春天播种吗？不！如果把出了芽的冬小麦种子放在冰箱或者雪堆里冻四五天，然后在春天播种，到了夏天同样能结出穗来。这种方法叫冬麦春化法。

冬小麦的田间管理工作，最重要的有两项：施肥和灌水。

冬小麦的“胃口”很大。据测定，长 50 千克麦粒，大约需要供给 1.5 千克氮、0.5 千克磷和 1 千克钾。在冬天，多给冬小麦施些有机肥料，一方面可以巩固冬前的分蘖，另一方面为明春冬小麦生长做好准备。因为春天一到，冬小麦“醒来”，迅速生长，将大量需要各种养料。冬天，给麦田灌水叫冬灌。冬灌也有两个好处：一是可以缓和土壤温度的变化，预防麦苗遭受冻害；二是给土壤输送水分，为明春生长做好准备。

此外，冬小麦还有个古怪的脾气：冬天，经人们踩了以后，次年产量反而会提高！冬小麦为什么会这样呢？其实，这是因为经过脚踩后，冬小麦的茎叶受到一些损伤，所以不是往上长，而是横着分蘖，可以增加植株的苗数，对作物的生长和收成自然有好处。正因为这样，我国北方的一些农村，冬天还特地用磙子压麦地哩！

新年趣谈

对于新年来说，元旦这一天实在太重要了，因为它代表着新的一年到底是从哪一天开始。

一年，实际上就是地球绕着“妈妈”——太阳转了一周。照理说，元旦应该选定在冬至或者春分这一天才好，因为它们在天文学上有着明确的意义。然而，实际上世界公认的元旦，是在冬至之后大约十天，这一天在天文学上并没有特殊的意义。

那么，现在为什么世界上都公认这一天为元旦呢？这有历史原因：现在所用的公历，最初是埃及人制订出来的，后来传入欧洲。当时，欧洲通用阴历，而不是公历。公元前 46 年，恺撒大帝决定改阴历为公历，而且规定冬至这一天为元旦。然而，那时的欧洲人用惯了阴历，因此照旧把阴历的元旦作为元旦。到了后来，欧洲的阴历总算改成了公历，但是，元旦没有改过来——欧洲人的阴历元旦正好是冬至后的十天左右。这一直沿用至今。虽然有不少历法家曾提出要改革历法，把元旦改回去——改成冬至，但是，响应者寥若晨星，一直没能实现。

当然，这里所说的是公历的元旦。

世界各国常常各有各的历法，因而也就各有各的元旦。在我国，“元旦”一词，据说起源于“三皇五帝”之一的颛顼。颛顼时以正月为元，以初一为旦，于是把正月初一称为元旦。不过，在我国，元旦也一直在变化着：夏代以正月初一为元旦，殷代以十二月初一为元旦，周代以十一月初一为元旦。到了辛亥革命之后，我国普遍采用公历，以公历 1 月 1 日为元旦。

缅甸的正月相当于公历 4 月。因此，元旦在公历 4 月 13 日左右。老挝的历法和缅甸一样。

最有趣的要算欧洲的因纽特人、印尼的凯拉比特族人和非洲的乌干达人。因纽特人住在北欧的寒带，他们的元旦竟是不固定的，完全取决于“老天爷”——把下第一场雪那天作为元旦。印尼的凯拉比特族人的元旦也是不固定的，把每年候鸟第一次飞来的那天作为元旦。乌干达人住在炎热的非洲，那里一年不是分为春、夏、秋、冬四季，而是分为干、湿两季——有半年经常无雨，而另半年则阴雨连绵。这样，他们便把一季——六个月作为“一年”。因此，一年之内便有两个元旦。

不过，现在世界上绝大部分国家和民族，都以公历1月1日为元旦。由于地球是球形的，世界各国并不是同时进入元旦。世界上每年最早进入元旦的国家，是太平洋的岛国斐济和新西兰。因为它们位于国际日期变更线（日界线）的附近（西侧），平常新的一天最早是从他们那里开始的，当然他们最早进入元旦。接着进入元旦的是所罗门、新喀里多尼亚、日本、朝鲜、中国等。我国进入元旦，比英国要早8小时。世界上最晚进入元旦的是位于国际日期变更线东侧的西萨摩亚。当斐济和新西兰过完元旦，开始进入1月2日时，西萨摩亚人开始进入元旦！

欢度元旦，世界各国都有许多有趣的风俗。

在英国的苏格兰，人们在元旦那天用煤作为拜年的礼物，人们亲自把煤送到邻居、亲戚家里，然后说：“祝你的煤长燃不熄！”更奇怪的是，在除夕的晚上，苏格兰人中凡是男子汉都不得在家中——必须在外边游荡，直到午夜，才准请个朋友陪着回家。

西班牙人常在除夕晚举行家庭音乐会。当教堂的钟敲12下时，便开始吃葡萄：钟每敲一下，就吃一颗葡萄！元旦时，不准哭泣，不准吵架，不准摔坏东西。

比利时的农民在起床之后，马上向牛、马、狗、猫问候：“新年好！”

在古巴，人们在除夕夜里12点以前，先端好一碗清水，静静等候新年到来的钟声。当钟声一响，人们就争先恐后把水泼到街心，而且泼得越快越好。这表示旧的一年随着清水被泼走了，快乐幸福的新的一年已经来临。

在墨西哥，人们常常在元旦前挖一个很深的地洞，把家里的脏东西扔进去。在除夕夜，全家动手，用土把地洞填平。

在老挝，从元旦起，总是一连要欢庆七天。元旦那天，男女老少都穿上新衣服，然后带着鸟、乌龟、鳖到郊外去放生。同时，家家户户都准备许多糕点，以便送给那些化斋的僧人。从元旦的第二天到第七天，人们举行洒水礼，把香水洒在佛像身上。

在伊朗，元旦时各家都在门前点燃干草，全家都要从火上跳过，表示去旧迎新。

在南非，元旦过得又愉快又紧张。因为元旦前后，正是庄稼收获的季节。人们在除夕举行野火会，跳着南瓜舞。当元旦一过去，人们马上就投入到紧张的收割中。

当你在尽情欢乐、迎接新年的时候，在世界的各个角落，人们也正以有趣、奇特的习俗，和你同时欢度元旦呢！